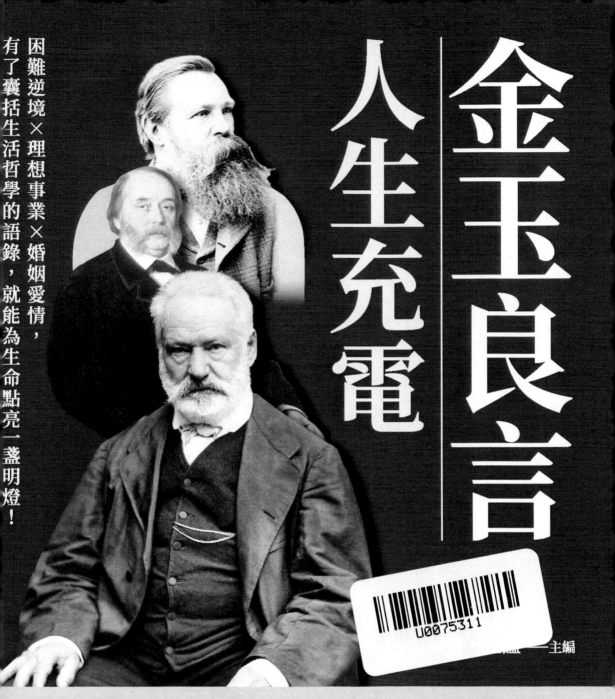

金玉良言

人生充電

困難逆境×理想事業×婚姻愛情，有了囊括生活哲學的語錄，就能為生命點亮一盞明燈！

U0075311

主編

「當命運遞給我一顆酸的檸檬時，讓我們設法把它榨成檸檬汁。」

雨果這句名言人人都聽過，但命運給我們的「酸檸檬」可不只一顆！
被課業和工作重重毒打，檸檬像不要錢似的整籠砸來，怎麼榨？
別怕！名言佳句便是指引你度過難關的明燈，

擁有本書，除了榨汁，你還能加糖！

目 錄

第一篇　人生篇

◆ 人生

人的一生可能燃燒也可能腐朽，我不能腐朽，我願意燃燒起來！——尼古拉·奧斯特洛夫斯基

人的一生是短的，但如卑劣地過這短的一生，就太長了。——莎士比亞

誰若遊戲人生，誰就一事無成；誰不能主宰自己，誰永遠是一個奴隸。——歌德

人的一生只是一刹那。所以我們要珍惜它，在世一天就要過好一天，切莫虛度了年華。——伯頓·里克特

一生要珍重，但別把生命看得高於另一種至寶，一切財寶都是不可靠的。——歌德

對我來說，人生不是什麼「短暫的燭光」。人生就是一支由我此時此刻舉著的輝煌燦爛的火把，我要把它燃燒得極其明亮，然後把它遞交給後代的人們。——蕭伯納

衡量人生的標準是看其是否有意義，而不是看其有多長。——普魯塔克

人生的道路就像一條大河，由於急流本身的衝擊力，在從前沒有水流的地方，沖刷出嶄新的意料不到的河道。——泰戈爾

我們把人生變成一個科學的夢，然後再把夢變成現實。——瑪里·居禮

人是世界的主人，年輕、美麗，征服了世界，改造了大地；會使草木生長，能和樹木、野獸、天神談心。——羅曼·羅蘭

十歲時被點心、二十歲被戀人、三十歲被快樂、四十歲被野心、五十歲被貪婪所俘虜。人，到什麼時候才能只追求睿智呢？——盧梭

能將自己的生命寄託在他人記憶中，生命彷彿就加長了一些；光榮是我們獲得的新生命，其可珍可貴，實不下於天賦的生命。——孟德斯鳩

至於我，生來就為公眾利益而勞動，從來不想去表明自己的功績，唯一的慰藉，就是希望在我們蜂巢裡，能夠看到我自己的那滴蜜。——克雷洛夫

不經歷感情的青春、戰鬥的成年和思考的晚年，生活不會是十全十美。——布倫特

你若要喜愛你自己的價值，你就得給世界創造價值。—— 歌德

人生不是一種享樂，而是一樁十分沉重的工作。—— 托爾斯泰

真正的學者真正了不起的地方，是暗暗做了許多偉大的工作而生前並不因此出名。—— 巴爾札克

在人生的大風浪中，我們常常學船長的樣子，在狂風暴雨之下把笨重的貨物扔掉，以減輕船的重量。—— 巴爾札克

社會猶如一條船，每個人都要有掌舵的準備。—— 易卜生

在人生的前半，有享樂的能力而無享樂的機會；在人生的後半，有享樂的機會而無享樂的能力。—— 馬克·吐溫

人生的價值，並不是用時間，而是用深度去衡量的。—— 托爾斯泰

世上只有一個真理，便是忠實於人生，並且愛它。—— 羅曼·羅蘭

如果我曾經或多或少地激勵了一些人的努力，我們的工作，曾經或多或少地擴展人類的理解範圍，因而給這個世界增添了一分歡樂，那我也就感到滿足了。—— 愛迪生

人生最美好的，就是在你停止生存時，也還能以你所創造的一切為人們服務。—— 尼古拉·奧斯特洛夫斯基

生活只有在平淡無味的人看來才是空虛而平淡無味的。—— 車爾尼雪夫斯基

我的人生哲學是工作，我要揭示大自然的奧祕，並以此為人類造福。我們在世的短暫一生中，我不知道還有什麼比這種服務更好的了。—— 愛迪生

人生是一頭馬，輕快而健壯的馬。人，要像騎手那樣大膽而細心地駕馭它。—— 海塞

人生不是一支短短的蠟燭，而是一支由我們暫時拿著的火炬，我們一定要把它燃得十分光明燦爛，然後交給下一代的人們。—— 蕭伯納

人生像一張潔白的紙，全憑人生之筆去描繪，玩弄紙筆者，白紙上只能塗成一攤胡亂的墨跡；認真書寫者，白紙上才會留下一篇優美的文章。—— 梅特林克

我以為人們在每一個時期都可以過有趣而且有用的生活。我們不應該虛度一生，應該能夠說，「我已經做了我能做的事」，人們只能要求我們如此，而且只有這樣我們才能有一點快樂。——瑪里·居禮

人生的一切變化，一切魅力，一切美都是由光明和陰影構成的。——托爾斯泰

一個人的價值，應當看他貢獻什麼，而不應當看他取得什麼。——愛因斯坦

生活就是戰鬥。——柯羅連科

願你們每天都愉快地過著生活，不要等到日子過去了才找出它們的可愛之點，也不要把所有特別合意的希望都放在未來。——瑪里·居禮

充滿著歡樂與戰鬥精神的人們，永遠帶著快樂，歡迎雷霆與陽光。——赫胥黎

讓死人去埋葬和痛哭自己的屍體吧。最先朝氣蓬勃地投入新生活的人，他們的命運是令人羨慕的。——馬克思

無中不能生有，無縫的石頭流不出水來。誰不能燃燒，就只有冒煙——這是定理。生活的烈火萬歲！——尼古拉·奧斯特洛夫斯基

幸運並非沒有許多的恐懼與煩惱；厄運也並非沒有許多的安慰與希望。——培根

一篇美好的言辭並不能抹煞一件壞的行為，而一件好的行為也不能為誹謗所玷污。——德謨克利特

冬天已經到來，春天還會遠嗎？——雪萊

過去屬於死神，未來屬於你自己。——雪萊

世間的活動，缺點雖多，但仍是美好的。——羅丹

辛勤的蜜蜂永沒有時間悲哀。——布萊克

春天的特色只有在冬天才能認清，在火爐背後才能吟出最好的五月詩篇。——海涅

希望是厄運的忠實的姐妹。——普希金

假如生活欺騙了你，不要憂鬱，也不要憤慨！不順心的時候暫且容忍：相信吧，快樂的日子就會到來。—— 普希金

當我像嗡嗡作響的陀螺一樣高速旋轉時，就自然排除了外界各種因素的干擾，抵抗著外界的壓力。—— 皮耶·居禮

我已經學會了安於命運，並且總是力求在日常的鬱悶生活裡找出一點小樂趣。—— 瑪里·居禮

不管一切如何，你仍然要平靜和愉快。生活就是這樣，我們也就必須這樣對待生活，要勇敢、無畏、含著笑容 —— 不管一切如何。—— 羅莎·盧森堡

任何問題都有解決的辦法，無法可想的事是沒有的。要是你果真弄到無法可想的地步，那也只能怨自己是笨蛋，是懶漢。—— 愛迪生

必須對生活先有信心然後才能使生活永遠延續下去。而所謂信心，就是希望。—— 保羅·郎之萬

不要慨嘆生活的痛苦！慨嘆是弱者。—— 高爾基

只有滿懷自信的人，才能在任何地方都懷的有自信沉浸在生活中，並實現自己的意志。—— 高爾基

宿命論是那些缺乏意志力的弱者的藉口。—— 羅曼·羅蘭

憂愁好像一塊石頭，一個人會被它壓倒，兩個人就輕而易舉地把它從路上搬開。—— 豪夫

我們曾經為歡樂而鬥爭，我們將要為歡樂而死。因此，悲哀永遠不要和我們的名字連在一起。—— 伏契克

我們唯一不會改正的缺點是軟弱。—— 拉羅什富科

◆ 命運

命運施惠於精神的時候，那正是精神加強力量抗拒命運打擊的時候。—— 塞內卡

命運是一個喬裝打扮的人物。沒有比這張臉更會欺騙人的了。—— 雨果

從最高地位上跌落，那變化是可悲的；但命運的轉機卻能使窮困的人歡笑。—— 莎士比亞

命運也往往是由人自己造成的。正如古詩人所說：「每個人都是自身的設計師。」——培根

當命運使我們為了自己和敵人站在一起戰鬥時，它會給予我們其最大的本能，我們也因此注定要獲得大勝。——尼采

命運不能妨礙我們的歡樂，讓他來脅迫我們吧！我們還是歡笑度日，只有傻瓜才不是這樣。——高爾基

唯一的命運是不要想得太複雜，生存是義務，哪怕只有一剎那。——歌德

不管人們的命運看來多麼懸殊，還是存在著使好運和厄運相互平等的某種補償。——拉羅什富科

在灰暗的日子裡，不要讓冷酷的命運竊喜；命運既然來凌辱我們，我們就應該用處之泰然的態度予以報復。——莎士比亞

謹慎的人根本不能創造自己的命運，他們往往是屈服於命運的，也就是說謹慎的人是由命運創造的。——伏爾泰

命運對生者具有至高無上的權力。但對知道如何去死的人卻無能為力。——塞內卡

因為我對權威的輕蔑，所以命運懲罰我，使我自己竟也成了權威。——愛因斯坦

命運的變化如月亮的陰晴圓缺，無損智者大雅。——富蘭克林

有時一個人受到厄運的可怕打擊，不管這厄運是來自公眾或者個人，都可能是件好事。——歌德

人生的命運是多麼難以捉摸！它可以被幾小時內發生的事情毀滅，也可以因幾小時內發生的事情而得到拯救。——歐文·斯通

智慧和命運交鋒時，如果智慧有敢做敢為的膽識，命運就沒有機會動搖它。——莎士比亞

有人說，我們所看見的世界上的一切東西都是一種盲目的命運所產生出來的，這是極端荒謬的說法。因為如果說一個盲目的命運能產生「智慧的存在物」，還有比這更荒謬的麼？——孟德斯鳩

命運是一個瞎眼的、喜怒無常的保母，她對她所撫養的孩子常常是毫無選擇地隨意慷慨施恩。——巴特勒

如果一個人被判定在海中會被淹死，可能反而為其生命限定了一個

有利的範圍，保證他永遠也不冒險離開陸地。—— 歐尼斯特·布拉默

平坦的道路，也難免有絆倒的時候。人的命運亦如此。因為，除了神以外，誰都不知真實為何物。—— 契訶夫

許多人對時機都像小孩子們在海濱戲沙一樣，他們用自己的小手抓取了滿把沙礫，卻又讓它們一粒粒地漏下去，終至漏盡。—— 仲斯

意外的幸運會使人冒失、狂妄，然而經過磨練的幸運則使人成為偉人。—— 培根

患難可以檢驗一個人的品格，非常的境遇方才可以顯出非常的氣節；當命運的鐵拳擊中要害的時候，只有大勇大智的人，才能夠處之泰然。—— 莎士比亞

苦難有如烏雲，遠望去但見墨黑一片，然而身臨其下時不過是灰色而已。—— 里希特

悔恨在我們走好運時睡去了，但在我們逆境中卻使我們更強烈地感覺到它。—— 盧梭

竭盡自己的精力去闖，即使一度在人類的命運之途迷了路，也不一定

會遭到懲罰。道德並不是法律，命運和自然對待人類向來是豁達大度的。—— 武者小路實篤

命運並不存在於一小時的決定中，而是建築在長時間的努力、考驗和默默無聞的工作基礎上。—— 羅曼·羅蘭

天命不過是脆弱的人心中的一個詞彙和錯誤的藉口，強者與賢人不承認有命運。—— 布爾沃

所有成功的人都承認自己是因果論者，他們相信成功不是由於命運，而是由於定律；相信在結合開始與終結的一件事的連貫中並沒有一個脆弱的破裂的環節。—— 愛默生

人們有時可以支配自己的命運，若我們受制於人，那錯處不在我們的命運，而在我們自己。—— 莎士比亞

命運女神不僅自己盲目，而且還使自己所偏愛的人也變得盲目。—— 西塞羅

假使把所有的人的災難都堆積到一起，然後重新分配，那麼我相信大部分的人一定會很滿意地取走他自己原有的一份。—— 蘇格拉底

命運像玻璃，越明亮，越閃亮，越容易破碎。——賀拉斯

命運有點女人的特質，你越向她求愛，她越遠離你。——查理斯五世

當命運遞給我一顆酸的檸檬時，讓我們設法把它榨成檸檬汁。——雨果

如果有工作要做，就應該立刻做好，如果交運時你發現自己毫無準備，就不該埋怨命運女神，而應當埋怨你自己。——克雷洛夫

◆ 生命

我們的生命是三月的天氣，可以在一小時內又狂暴又平靜。——愛默生

人，是生命鎖鏈的一環，生命的鎖鏈是無窮無盡的，它透過人，從遙遠的過去伸向渺茫的未來。——柯羅連科

我們的生命是天賦的，我們唯有獻出生命，才能得到生命。——泰戈爾

生命像一粒種子，藏在生活的深處，在黑土層和人類膠泥的混合物中，在那裡，多少世代都留下他們的殘骸。一個偉大的人生，任務就在於把生命從泥土中分離開。這樣

的生育需要整整一輩子。——羅曼·羅蘭

生命是一支越燃越亮的蠟燭，是一份來自上帝的禮物，是一筆留給後代的遺產。——惠特曼

生命並不因人們的死而變得不再可笑，卻因為人們的笑而變得不再嚴肅。——蕭伯納

生命有如火焰，然而焚毀的往往是生命自己。每當一個新生兒呱呱墜地，生命的火焰就會再度燃起。——蕭伯納

我的生命屬於整個社會；在我有生之年，盡我力所能及為整個社會工作，這就是我的特殊的榮幸。——蕭伯納

生命是一項有形的肉體運動，一種其本身特有的實體活動，這活動既不完整，也不規則；我依循生命本身來對待它，將這作為我的職責。——蒙田

能將自己的生命寄託在他人的記憶中，生命彷彿就加長了一些。——孟德斯鳩

有些人的生命像沉靜的湖，有些像白雲飄蕩的一望無際的天空，有些

像豐腴富饒的平原，有些像斷斷續續的山峰。——羅曼·羅蘭

人的青春時期一過，就會出現像秋天一樣的優美成熟時期，這時，生命的果實像熟稻子似的在美麗的平靜氣氛中等待收穫。——泰戈爾

有思想的人都有一種驅動力，把對生命的尊敬給予每個願意活著的生命，就像給予他自己一樣。——阿爾伯特·史懷哲

我們每一個人心裡都有一種「生命本能」，它永遠指向健康和幸福，永遠以為個人創造更幸福的生活為目標。——馬克斯威爾·馬爾茲

生命的路是進步的，總是沿著無限的精神三角形的斜面向上走，什麼都阻止他不得。只有透過展現其力量，創造性地生活，才能給生命以所賦予的那種意義，否則他的生命就無意義可言。——弗洛姆

自然不懂得敬畏生命。它以最有意義的方式產生著無數生命，又以毫無意義的方式毀滅著它們。包括人類在內的一切生命等級，都對生命有著可怕的無知。生命以其他生命為代價才得以生存下來。——阿爾伯特·史懷哲

那些埋怨生命短促的人，情願眼睜睜地讓黃金般的時間一分分流逝，卻不屑伸手抓住並充分利用它們。——威廉·赫茲利特

眾生互相傳遞著生命，正如賽跑的人一般，互相傳遞生命的火把。——魯克列斯

生命用時間來計算，生命的價值用貢獻計算。從物質的消耗中謀求歡樂，才是人生真正的悲哀。——裴多菲

大自然像同意貸款那樣同意了人們耗用生命的權利，而且連歸還日期都沒定。——西塞羅

人不僅為自己度過一生，而且意識到與他接觸的所有生命是一個整體，體會它們的命運，盡其所能地幫助它們，認為他能分享的最大幸福就是拯救和促進生命。這一切使人作為行動的生物與世界建立了精神關係。——阿爾伯特·史懷哲

一個人的生命難道不是像一人的命運一樣珍貴嗎？要知道，每一個人都是一個與他同生共死的完整世界，每一座墓碑下都有一部這個世界的歷史。——海涅·科恩

什麼是生命？它並不是像冷酷的理智和我們的肉眼所見到的那個模樣，而是我們幻想中的那個模樣。生命的節奏是愛。——羅曼·羅蘭

生命是單程路，不論你怎樣轉彎抹角，都不會走回頭，你一旦明白和接受這一點，人生就簡單得多了。——摩爾

生命不僅可以用年月計算，有時事件也是最好的日曆。——迪斯雷利

一個人要是在他生命的盛年，只知道吃吃睡睡，他還算是個什麼東西？簡直不過是一頭畜生！——莎士比亞

我們得到生命的時候帶有一個不可缺少的條件：我們應當勇敢地保護它，一直到最後一分鐘。——狄更斯

人們以為他掌握著自己的生命和支配自己的行動，而他的生存卻無可挽回地受著天命的控制。——歌德

貪生怕死，是我們人類的常情，我們寧願每小時忍受著死亡的慘痛，也不願一下子結束自己的生命。——莎士比亞

生命本身是一張空的畫布，你可以將痛苦畫上去，也可以將完美的幸福畫上去。——奧修

生命就如一朵火焰，漸漸燃盡自己。但當一個孩子新生了，它就得到一個新的火苗。——傑克·倫敦

人們在談論中消磨時間，與此同時，時間也在不聲不響地銷蝕人們的生命。——布希科

要真正體驗生命，你必須站在生命之上。——尼采

如果一個人只是度過一天算一天，什麼希望也沒有，他的生命實際上也停止了。——莫泊桑

沒有人生活在過去，也沒有人生活在未來，現在是生命確實占有的唯一形態。——叔本華

我敬愛生命，敬愛生命的真實和生命的偶然，以及瞬間即逝的美。——屠格涅夫

我們稱離開這世界為死。當我活著時，我要做生命的主宰，而不做它的奴隸。——惠特曼

生命是一支箭——因此，你必須知道瞄準什麼目標和如何運弓——然後把弓弦拉足，讓箭飛射出去！——亨·范戴克

生命會給你所要的東西，只要你不斷地向它要，只要你在要的時候講清楚。── 愛因斯坦

生命並不是一種輝煌的奇觀或是一場豐富的宴席，它是一種岌岌可危的困境。── 桑塔亞那

每個生命都負有責任，我們的過失，不在於所為之惡，而在於未行之善。── 易卜生

發現你的存在是生命的開始，於是，每一時刻都是一個新的發展，每一時刻都帶來新的歡樂。── 奧修

別再浪費生命，將來在墳墓內有足夠的時間讓你睡的。── 富蘭克林

有時我想，要是人們把活著的每一天都看做是生命的最後一天該有多好啊！這就可能顯出生命的價值。── 海倫·凱勒

人要是懼怕痛苦，懼怕種種疾病，懼怕不測的事件，懼怕生命的危險和死亡，他就會什麼也不能忍受的。── 盧梭

生命是無止境的，不能僅以年齡去衡量；有些人在瞬間過了一生，有些人則在朝夕之間卻突然衰老。── 拿破崙

用感情生活的人的生命是悲劇，用思想生活的生命是喜劇。── 布律耶爾

生命，如果跟時代崇高的責任聯繫在一起，你就會感到它永垂不朽。── 車爾尼雪夫斯基

人的生命似洪水在奔流，不遇著島嶼和暗礁，難以激起美麗的浪花。── 尼古拉·奧斯特洛夫斯基

一個人拋棄了自己，便貶低了自己的存在；拋棄了生命，便完全消滅了自己的存在。── 盧梭

人只有獻身於社會，才能找出那實際上是短暫而有風險的生命的意義。── 愛因斯坦

◆ 價值

我們往往享有一件東西的時候，一點不看看它的好處；等到失掉它以後，卻會格外誇張它的價值，發現當它還在我們手裡的時候所看不出來的優點。── 莎士比亞

人一生的貢獻，所作所為的意義和價值，比人們的預料更多地取決於心靈的生活。── 馬丁·杜·加爾

任何人的首要存在和真實存在的條件都是藏在他自身的髮膚中；不是在別人對他的看法裡。──叔本華

和其他所有的東西一樣，一個人是否舉足輕重，在於他自身的價值；也就是說，在於他能發揮多大的作用。──霍布斯

一個人若是以自己的標準來衡量自身的價值感或者塑造自己，那是十分惹人厭憎的。──尼采

人生的價值不在於時間的長短，而在於你所完成的事業。有的人活了將近一世紀，到頭來仍是一場空。──金克雷·伍德

人生的最終價值在於覺醒和思考的能力，而不只在於生存。──亞里斯多德

生命的價值不在於活了多少天，而在於我們如何使用這些日子。──蒙田

我們不應該根據一個人的卓越品格來判斷他的價值，而應根據他對這些品格的運用來判斷。──拉羅什富科

一個人對社會的價值，首先取決於他的感情、思想和行動對增進人類利益有多大作用。──愛因斯坦

人的價值並不取決於是否掌握真理或者自認為掌握，決定人的價值的是追求真理的孜孜不倦的精神。──萊辛

我們的真正價值使我們受到正派人的尊敬，我們頭上的光環則使我們受到公眾的尊敬。──拉羅什富科

哪能活著不做事呢？哪怕是一塊石頭，也是為了讓人利用而存在著。而人，人是萬物之靈，卻閒著一無奉獻。這能夠為天地所容嗎？──果戈里

一個人的價值和評價在於心靈與意志，他真正的榮譽正在於此。──蒙田

真正有價值的東西不是出自雄心壯志或單純的責任感；而是出自對人和對客觀事物的熱愛和專心。──愛因斯坦

思想活躍而又懷著務實的目的去進行最現實的任務，就是世界上最有價值的事情。──歌德

一個人怎樣才能認識自己呢？絕不是透過思考，而是透過實踐。盡力去履行你的職責，就會立刻知道你的價值。──歌德

衡量一個人是高貴還是低賤，要看他具有什麼樣的品格，而不看他擁有多少財富。—— 斯托夫人

整個人就是思想與勞動，勞動雖然默默無聞的，平凡的，卻是不間斷的。—— 岡察洛夫

嚴格說，最大的歡樂、最大的幸福是把自己的精神力量獻給他人。—— 蘇霍姆林斯基

假如社會不重視個人的價值，那就等於賦予個人以敵視社會的權利。—— 高爾基

當我們到達終點時，再請你們評判我們的努力到底有多大價值。—— 羅曼·羅蘭

一個社會，如果不首先考慮個人的道德價值，就只配受到蔑視和反抗。—— 馬丁·杜·加爾

有時候一個人為不花錢得到的東西付出的代價最高。—— 愛因斯坦

工作是人生的價值，人生的快樂，也是幸福之所在。—— 羅丹

當你感到一切人都需要你的時候，這種感情就會使你有旺盛的精力。—— 高爾基

我們的人生隨著我們在費多少努力的具有多少價值。—— 莫利亞克

對青年一代來說，關鍵是考慮到他們在何處才能找到確定的方向和為之獻身的參照物。—— 弗洛姆

◆ 自由

生命誠可貴，愛情價更高；若為自由故，兩者皆可拋。—— 裴多菲

我從來就認為人的自由並不在於可以做他想做的事，而在於可以不做他不想做的事。—— 康德

自由是令人迷惑的：人們占有它的時候，往往不知道有它；直到失去了，沒有了，他們才知道它。—— 桑德堡

自由是天賜的無價之寶，地下和海底埋藏的一切財富都比不上它。自由和體面一樣，值得拿性命去拚。不得自由而受奴役是人生最苦的事。—— 賽凡提斯

自由對於道德也是一個必然的條件，而且人類的行為如果沒有自由，也就沒有道德上的性質，因而也就不能成為讚賞或厭惡的對象。—— 休謨

自由當然是最高級的東西，但它也和理念一樣不是開端；它是目的，不是生理的生來能力 —— 人不是生來就自由的；自由是教育的結果，當然須立足在相應的天賦上。——費爾巴哈

我只願做我願做的事，讓別人也做他們所願做的事吧；我不願向任何人要求什麼，我不願妨礙任何人的自由，我自己也願意自由。——車爾尼雪夫斯基

如果我們心中沒有自由與寧靜，如果我們內心深處的自我只是一潭汙濁的死水，那麼爭取身外的自由又有什麼意義？——梭羅

一個人如果有一種能力，可以按照自己心理的選擇和指導，來思想或不思想，來運動或不運動，則他可以說是自由的。——洛克

一切自由的行為，都是由兩種原因的結合而產生的。一種是精神的原因，亦即決定這種行動的意志，另一種是物理的原因，亦即執行這種行動的力量。——盧梭

人們往往把任性也叫做自由，但是任性只是非理性的自由，任性的選擇和自覺都不是出於意志的理性，而是出於偶然的動機以及這種動機

對感性外在世界的依賴。——黑格爾

人人都希望他的內心生活中有一個不容任何人鑽進來的角落，正如人人都希望有一個自己獨用的房間。——車爾尼雪夫斯基

真正的自由是有做你應該做的事情的自由，而不是獲得你想要得到的東西。——蒙哥馬利

不要過分地醉心放任自由，一點也不加以限制的自由，它的害處與危險實在不少。——克雷洛夫

我不同意你的觀點，但我誓死捍衛你表達的權利。——伏爾泰

意志自由只是借助於對事物的認識來做出決定的那種能力。——恩格斯

一個人只要宣稱自己是自由的，就會同時感到他是受約束的。如果他敢於宣稱自己是受約束的，他就會感到自己是自由的。——歌德

生命之河在它的一條岸邊享有自由，在另一條岸邊就會受到約束。——泰戈爾

人的活動總是為具有社會性質和個人自由的雙重感所支配的。個人自由的感覺就是真正公平的感覺。——狄驥

一個人只要在思想深處保留著自由與真實，即使他罪行累累，也還是沒有整個完蛋。—— 羅曼·羅蘭

按自己的方式去追求利益，而不是蓄意去侵犯他人利益或阻礙他人獲得利益，這才是名副其實的自由。—— 穆勒

誰需要的越小，他的幸福就越大，誰希望的越少，他的自由就越多。—— 高爾基

自由是可以完成的。人生的主要問題，就是不要做妨礙自由的事情。因此，一切人生問題，都是認識什麼是真正的生活並抗拒那妨礙人生的事物。—— 托爾斯泰

我們用武力征服整個宇宙，比使一個村莊全體居民的思想臣服還容易。—— 伏爾泰

世界上沒有一個生物是自由的，連控制宇宙的法則也不是自由的 —— 也許唯有死才能解救一切。—— 羅曼·羅蘭

自由遠勝財富，凡是害怕受貧而放棄自由的人，將永遠成為奴隸。—— 西塞羅

奴隸一旦決定不再當奴隸時，他的枷鎖便已卸落。他解放了自己，同時也向別人指出了自由之路。自由與奴役都屬於精神狀態。—— 甘地

思想自由是一個人所能得到的唯一的、最珍貴的自由。—— 高爾基

自由是一種奇怪的東西。每個人都有足夠的自由，只要他知足。—— 歌德

放棄自己的自由，就是放棄自己做人的資格，就是放棄人類的權利，甚至就是放棄自己的義務。—— 盧梭

◆ 順境

找出一個能在順境中好而處之的人，要比找到一個能在逆境中忍辱負重的人更難；因為順境使大多數人飄飄然；而逆境使所有的人頭腦清醒。—— 色諾芬

順境中不無隱憂和煩惱；逆境中不無慰藉和希望。—— 培根

不能像在逆境中那樣在順境中持重，是一個人脆弱的表現。—— 西塞羅

不幸時滿懷希望、順利時小心謹慎、這是一個人在禍福問題上應取的態度。——賀拉斯

記住，凡事都不是絕對不變的，因此，順利時切莫過分得意，不幸時切莫過分壓抑。——伊索克拉底

好運氣能改變人的本性；一個人在順利的時候依然能謙虛謹慎，是難能可貴的。——昆圖斯

順利的時候，生活的河川會隨我們的意願流淌，但此時我們切不可驕傲自滿，得意忘形。——西塞羅

逆境常使人難堪；然而即使在人群中找出一百個能忍受逆境的人，也未必找得到一個能正確對待順境的人。——卡萊爾

順境是位偉大的老師，而逆境更偉大。——威廉·赫茲利特

靜默是表示快樂的最好的方法；要是我能夠說出我心裡多麼快樂，那麼我的快樂只是有限度的。——莎士比亞

逆境使我們變得更加聰明，順境使是非變得含糊不清。——塞內加

人在順境中要比在逆境中更需要美德。——拉羅什富科

順利時我們一定要特別謙虛謹慎，切不可妄自尊大。——李維

成功容易使人滋長驕傲情緒；在順利的時候保持清醒的頭腦是不容易的。——奧維德

順境造就幸運兒，而逆境造就偉人。——小普林尼

好運氣常常在人們還未察覺它的時候就過去了。——賽凡提斯

◆ 逆境

升平富足的盛世徒然養成一批懦夫，困苦永遠是堅強之母。——莎士比亞

人在身處逆境時，適應環境的能力實在驚人。人可以忍受不幸，也可以戰勝不幸，因為人有著驚人的潛力，只要立志發揮它，就一定能渡過難關。——卡內基

人在逆境裡比在順境裡更能堅持不屈。遭厄運時比交好運時更容易保全身心。——雨果

大海越是布滿著暗礁，越是以險惡出名，我越覺得透過重重危難去尋求不朽是一件樂事。——拉美特利

沒有哪一個聰明的人會否定痛苦與憂愁的鍛鍊價值。—— 赫胥黎

如果鬥爭只是在有極順利的成功的條件下才著手進行時，那麼創造世界歷史未免就太容易了。—— 馬克思

偉人在逆境中得到歡樂，如同英勇的士兵從戰鬥勝利中獲得喜悅一樣。—— 塞內加

生活已經不是快樂的筵席，節日般的歡騰，而是工作、鬥爭、窮困和苦難的經歷。—— 別林斯基

艱難時刻具有科學價值，一個善於學習的人是絕不會錯過這種機會的。—— 愛默生

歷史的道路不是涅瓦大街上的人行道，它完全是在田野中前進的，有時穿過塵埃，有時穿過泥濘，有時橫渡沼澤，有時行經叢林。—— 車爾尼雪夫斯基

要意志堅強，要勤奮，要探索，要發現，並且永不屈服，珍惜在我們前進道路上的善，忍受我們之中和周圍的惡，並下決心消除它。—— 赫胥黎

逆境是對人們原則的考驗，若無此考驗，人們很難判斷自己是否誠實。—— 費爾丁

鋼是在烈火和急劇冷卻裡鍛鍊出來的，所以才能堅硬和什麼也不怕。我們一代也是這樣在鬥爭中和可怕的考驗中鍛鍊出來的，學不了在生活面前屈服。—— 尼古拉‧奧斯特洛夫斯基

最後的勝利依然是確定無疑的，但是迂迴曲折的道路，暫時的和局部的誤入迷途（雖然這也是難免的），將會比以前多得多了。而我們一定要克服這些障礙，否則，要我們活著做什麼呢？我們絕不會因此喪失勇氣。—— 恩格斯

逆運也有它的好處，就像醜陋而有毒的蟾蜍，它的頭上卻頂著一顆珍貴的寶石。—— 莎士比亞

生活喜歡攀登上坡路，腳印只有在高峰才顯得明亮。生活就是鬥爭，就是熱情地克服危險和障礙。—— 維爾哈倫

◆ 困難

你雖在困苦中也不要惴惴不安，往往總是從暗處流出生命之泉……不要因為時運不濟而鬱鬱寡歡，忍耐雖然痛苦，果實卻最香甜。—— 薩迪

困難與折磨對於人來說，是一把打向坯料的錘，打掉的應是脆弱的鐵屑，鍛成的將是鋒利的鋼刀。——契訶夫

好鋼鐵經過錘打，就發出強烈的火花。——何塞·馬蒂

勇氣減輕了命運的打擊。——德謨克利特

不經巨大的困難，不會有偉大的事業。——伏爾泰

困難，是動搖者和懦夫掉隊回頭的便橋，但也是勇敢者前進的腳踏石。——愛默生

苦難對於天才是一塊墊腳石，對於能幹的人是一筆財富，對弱者是一個萬丈深淵。——巴爾札克

逆境要麼使人變得更加偉大，要麼使他變得非常渺小。困難從來不會讓人保持原樣的。——諾曼·文森特·皮爾

奇蹟多是在厄運中出現的。——培根

幸運所生的德性是節制，厄運所生的德性是堅忍。——培根

大自然既然在人間造成不同程度的強弱，也常用破釜沉舟的鬥爭，使弱者不亞於強者。——孟德斯鳩

不會從失敗中找尋教訓的人，他們的成功之路是遙遠的。——拿破崙

上天給人一分困難時，同時也給人一分智慧。——雨果

我要扼住命運的咽喉。它絕不能使我完全屈服。噢！能把生命活上千百次真是美好！——貝多芬

人們最出色的工作往往在逆境的情況下做出。思想上的壓力，甚至肉體上的痛苦都可能成為精神上的興奮劑。——貝弗里奇

◆ 成功

歷史上所有偉大的成就，都是由於戰勝了看來不可能的事情而取得的。——卓別林

只有具備真才實學，既了解自己的力量又善於適當而謹慎地使用自己力量的人，才能在世俗事物中獲得成功。——歌德

成功的第一個條件是真正的虛心，對一切敝帚自珍的成就，只要看出

同真理衝突，都願意放棄。—— 史
賓賽

聰明的資質、內在的幹勁、勤奮的
工作態度和堅忍不拔的精神，這些
都是科學研究成功所需的其他條
件。—— 貝弗里奇

事業常成於堅忍，毀於急躁。我在
沙漠中曾親眼看見，匆忙的旅人落
在從容的後邊；疾馳的駿馬落在
後頭，緩步的駱駝繼續向前。——
薩迪

不要怕！定定心！我們已在更好
的路上了；不要後退，發展你的力
量吧。—— 但丁

勤勞、堅持、忍耐、積極、警惕、
努力、恆心，以及其他一些容易想
得到的同類的德，其所以被人認為
是有價值的，也只是因為它對於生
活行為是有利的。—— 休謨

一個人的幸運的造成主要還是在
他自己手裡。所以詩人說，「人
人都可以成為自己的幸運建築
師」。—— 培根

單獨一個人可能滅亡的地方，兩
個人在一起可能得救。煩惱與歡
喜，成功和失敗，僅繫於一念之
間。—— 大仲馬

成功的人，都有浩然氣概，他們
都是大膽的、勇敢的，他們的字
典上，是沒有「懼怕」兩個字
的。—— 卡內基

成功是墊腳石，即使不量倒影，人
站在上面也會顯得高大。—— 諾貝爾

字典裡最重要的三個詞，就是意
志、工作、等待。我將要在這三塊
基石上建立我成功的金字塔。——
巴斯德

凡不能獲得他人信任的人，永遠難
求成功。—— 紀德

藝術的大道上荊棘叢生，這也是件
好事，常人都望而卻步，只有意志
堅強的人例外。—— 雨果

告訴你使我達到目標的奧祕吧。
我唯一的力量就是我的堅持精
神。—— 巴斯德

只有把抱怨環境的心情，化為上進
的力量，才是成功的保證。—— 羅
曼·羅蘭

經驗是寶貴的學校，而傻瓜卻從中
一無所得。—— 富蘭克林

在成功面前，首先應該想到的是獲
得成功之前的挫折和教訓，而不是
成功的讚揚和榮譽。—— 巴夫洛夫

成功好比一架梯子，「機會」是梯子兩側的長柱，「能力」是插在兩個長柱之間的橫木。只有長柱沒有橫木，梯子沒有用處。── 狄更斯

誰生活美滿、笑口常開、愛得深沉，誰就是個成功者。自助，是成功最好的方法。── 狄斯金

成功與其靠外來的幫助，還不如靠自力更生。── 林肯

常向光明快樂的一面看，那就是我一生成功的祕訣。── 柯克

成功的祕訣，是在養成迅速去做的習慣，要趁著潮水漲得最高的一刹那，不但沒有阻力，而且能幫助你迅速地成功。── 勞倫斯

天下絕無不熱烈勇敢的追求成功，而能取得成功的人。── 拿破崙

拚命去爭取成功，但不要期望一定會成功。── 法拉第

我所得到的最好教訓，都是來自我的錯誤的失敗中── 過去的愚蠢的錯誤，便是將來的智慧與成功。── 愛德華茲

成功是強而有力的補藥，因為它能使才能作有力的應用，使我們的雄心和渴望達到和諧的境界。── 亞歷山大

我要反覆思考好幾個月：有九十九次結論都是錯誤的，可是第一百次我對了。── 愛因斯坦

◆ 失敗

如果我們過分爽快地承認失敗，就可能使自己發覺不了我們非常接近於正確。── 卡爾·波普爾

失敗往往是黎明前的黑暗，繼之而出現的是成功的朝霞。── 霍奇斯

失敗可能是變相的勝利；最低潮就是高潮的開始。── 朗費羅

失敗是有教導性的。真正懂得思考的人，從失敗和成功中學得一樣多。── 杜威

明智的人絕不坐下來為失敗而哀號，他們一定樂觀地尋找辦法來加以挽救。── 莎士比亞

失敗也是我需要的，它和成功對我一樣有價值。── 愛迪生

一個人失敗的最大原因，就是對於自己的能力永遠不敢充分信任，甚至自己認為必將失敗無疑。── 富蘭克林

一個志在有大成就的人，他必須如歌德所說，知道限制自己。反之，

什麼事都想做的人，其實什麼事都不能做，而終歸於失敗。—— 黑格爾

促使成功的最大嚮導，就是從人們自己的錯誤中所得來的教訓。—— 約翰斯頓

所謂失敗，只不過是別人對你應該如何做某件事的看法。所以，一旦你相信沒有必要事事都按別人的意圖去做，你也就不會失敗了。—— 戴埃

你在某一具體事情中的失敗並不等於你作為一個人都失敗。—— 戴埃

從不獲勝的人很少失敗，從不攀登的人很少跌跤。—— 惠蒂爾

過去你失敗過多少次並不關緊要。重要的是記取、強化和專注成功的嘗試。—— 馬克斯威爾·馬爾茲

人們把我的成功，歸功於我的天才；其實我的天才，只是刻苦罷了。—— 愛因斯坦

失敗可以鍛鍊一批優秀的人物；它挑出一批優秀的心靈；把純潔的和強壯的放在一邊，使它們變得更純潔更強壯；但它使其餘的心靈加速它們的墮落、或是斬斷它們飛躍的力量。—— 羅曼·羅蘭

這世界除了心理上的失敗，實際上並不存在什麼失敗，只要不是一敗塗地，你一定會取得勝利的。—— 奧斯丁

對別人不感興趣的人，他一生中的困難最多，對別人的傷害也最大。所有人類的失敗，都出之於這種人。—— 阿德勒

不要接近那些竭力使人喪失信心的人，這是渺小的人所固有的特點。偉大的人則相反，總是使你產生一種感覺：你也可以成為偉人。—— 馬克·吐溫

不願關心別人的人，對自己也必然漠然不管，古今人類的失敗者，多半是這一種。—— 史坦貝克

人們常以為犯小過失無傷大雅，哪知更大的失敗常是由小過失而來的。—— 雪萊

想匆匆忙忙去完成一件事以期達到快速度的目的，結果總是要失敗。—— 伊索

如果你問一個善於滑冰的人怎樣獲得成功時，他會告訴你：「跌倒了，爬起來。」這就是成功。—— 牛頓

當失敗不可避免時，失敗也是偉大的。──惠特曼

若你能舉出一個徹底滿足的人，我可以告訴你他就是一個失敗的人。──愛迪生

失敗實在不是什麼稀罕事──最優秀的人也會失敗。可貴的是從失敗中學到東西。──海厄特

預設自己無能，無疑是給失敗製造機會！──拿破崙

做什麼事情都得等瓜熟蒂落。敗事的是客觀情勢不允許我們等到成熟的時機，迫使我們過早地採取行動。──車爾尼雪夫斯基

失敗是向新的燦爛的幻想之路上的起步。──克卜勒

千萬人的失敗，失敗在做事不徹底，往往做到離成功還差一步，便終止不做了。──莎士比亞

◆ 錯誤

任何改正，都是進步。──達爾文

一時的失誤不會毀掉一個性格堅強的人。──車爾尼雪夫斯基

只有什麼事也不做的人，才不至於犯錯，雖然這恰好是他最基本的錯誤。──托爾斯泰

前人的錯誤給我們的教益不亞於他們的積極的成就給我們的教益。──狄慈根

讓人們對自己的錯誤有清楚的認知，對自己的過去感到羞愧，把對現實的憎惡變為不安的、沉重的痛苦，而把對未來的渴望變為熱情的苦惱。──高爾基

不用說，我們是會犯一點錯誤的，但是只有死人才不犯錯，因為他們不會活動。──高爾基

犯了過錯的人應當受到懲罰。但是他們之所以應受懲罰，並非因為他們犯了過錯，而是為的要使他們日後不去再犯。──康門紐斯

頑強奮戰後的失敗是和輕易獲得的勝利具有同樣的革命意義的。──恩格斯

畏懼錯誤就是毀滅進步。──懷海德

我能想像到的人最高尚的行為，除了傳播真理，就是公開放棄錯誤。──利斯特

測定智力技能的唯一最佳標準可能
是檢測並摒棄謬誤的速度。——巴
特利特

在科學的發展上，對嚴重謬誤論見
的揭露，其價值不亞於創造性的發
現。——貝弗里奇

第二篇　理想篇

◆ 志向

一個人追求的目標越高，他的才能就發展得越快，對社會就越有益；我確信這也是一個真理。—— 高爾基

有理想的、充滿社會利益的，具有明確目的的生活是世界上最美好的和最有意義的生活。—— 加里寧

缺乏理想的現實主義是毫無意義的，脫離現實的理想主義是沒有生命的。—— 羅曼·羅蘭

沒有理想，沒有某種美好的願望，也就永遠不會有美好的現實。—— 杜斯妥也夫斯基

理想是指路的明燈。沒有理想，就沒有堅定的方向；沒有方向，就沒有生活。—— 托爾斯泰

現實是此岸，理想是彼岸，中間隔著湍急的河流，行動則是架在河上的橋梁。—— 克雷洛夫

追求理想是一個人進行自我教育的最初動力，而沒有自我教育就不能想像會有完美的精神生活。—— 蘇霍姆林斯基

理想失去了，青春之花也便凋零了，因為理想是青春的光和熱。—— 羅曼·羅蘭

人生最重要是樹立一個遠大目標，並決心實現它。—— 歌德

立志是一件很重要的事情。工作隨著志向走，成功隨著工作來，這是一定的規律。立志，工作，成功，是人類活動的三大要素。立志是事業的大門，工作是登堂入室的旅程。這旅程的盡頭就有個成功在等待著，來慶祝你的努力結果…… —— 巴斯德

一個人如果胸無大志，即使再有壯麗的舉動也稱不上是偉人。—— 拉羅什富科

我常常重複一句話：一個人追求的目標越高，人的才力就發展得越快，對社會就越有益；我確信這也是一個真理。這個真理是由我的全部生活經驗，即是我觀察、閱讀、比較和深思熟慮過的一切確定下來的。—— 高爾基

志氣和貧困是患難兄弟，世人常見他們在一起。—— 富勒

沒有目的，就做不成事情；目的渺小，就做不成任何大事。—— 狄德羅

◆ 理想

毫無理想而又優柔寡斷是一種可悲的心理。——培根

美滿的人生，是在使理想與現實兩者切實吻合。——勞倫斯

如果一個人的頭上缺少一顆指路明星——理想，那他的生活將會醉生夢死。——蘇霍姆林斯基

理想的人物不僅要在物質需要的滿足上，還要在精神旨趣的滿足上得到表現。——黑格爾

一個能思想的人，才真是一個力量無邊的人。——巴爾札克

照亮我的道路，並且不斷地給我新的勇氣去愉快地正視生活的理想，是善、美和真。——愛因斯坦

一個沒有受到獻身的熱情所鼓舞的人，永遠不會做出什麼偉大的事情來。——車爾尼雪夫斯基

凡配稱為理想的事物，就必帶有善美的本質。——奧斯丁

人在沒有受到偉大觀點所鼓舞的時候，他的活動既然是毫無結果的、卑微的，那麼觀念要在現實中得到價值，就只有到這時候——當一個獻身為崇高觀念而服務的人心底中，擁有充沛的力量促使它圓滿地實現時才有可能。——車爾尼雪夫斯基

人需要理想，但是需要人的、符合自然的理想，而不是超自然的理想。——列寧

我相信我們應該在一種理想主義中去找精神上的力量，這種理想主義要能夠不使我們驕傲，而又能夠使我們把我們的希望和夢想放得很高。——瑪里·居禮

真正美的東西必須一方面跟自然一致，另一方面跟理想一致。——席勒

在理想的最美好世界中一切都是為最好的目的而設。——伏爾泰

共同的事業，共同的鬥爭，可以使人們產生忍受一切的力量。——尼古拉·奧斯特洛夫斯基

無論哪個時代，青年的特點總是懷抱著各種理想和幻想。這並不是什麼毛病，而是一種寶貴的品格。——加里寧

請把高傲的忍耐置於心中：你們辛酸的工作不白受苦，崇高理想的追求不會落空。——普希金

我對於副業的抱負和理想，是以「真」為開始，「善」為歷程，「美」為最終目標的。—— 迪斯雷利

我從來不把安逸和快樂看作是生活目的本身 —— 這種倫理基礎，我叫它豬欄的理想。—— 愛因斯坦

沒有理想，即沒有某種美好的願望，也就永遠不會有美好的現實。—— 杜斯妥也夫斯基

宣傳最崇高的理想，如若看不到通往這個理想的正確道路，也是無濟於事的。—— 巴布斯

對未來生活的自信，是理智的期望。—— 蘭道爾

生活中沒有理想的人，是可憐的人。—— 屠格涅夫

生活不能沒有理想。應當有健康的思想，發自內心的理想，來自本國人民的理想。—— 季米特洛夫

一切都靠一張嘴來談理想而絲毫不實踐的人，是虛偽和假仁假義的。—— 德謨克利特

讓你的理想高於你的才幹，你的今天有可能超過你的昨天，你的明天才有可能超過你的今天。—— 紀伯倫

暫時的是現實，永生的是理想。—— 羅曼·羅蘭

我寧可做人類中有夢想和有完成這夢想的願望的、最渺小的人，而不願做一個最偉大、無夢想、無願望的人。—— 紀伯倫

一個人的理想越崇高，生活越純潔。—— 伏尼契

◆ 信仰

每個人總不免有所迷戀，每個人總不免犯些錯誤，不過在進退之間，周圍的一切開始動搖的時候，信仰就能拯救一個人。—— 馬明·西比利亞克

信仰就是一種感情，這種感情的力量，就同其他各種感情一樣，恰好同激動的程度成正比。—— 雪萊

信仰猶如愛慕，它不能被強制。任何強制的愛，都必會變成恨。因而，那種強制的企圖，其結果首先是真正的不信仰。—— 叔本華

在現實中，沒有信仰的人就會變得沒有生機，沒有希望，內心深處焦慮不安。—— 弗洛姆

對待信仰也像對待愛情一樣，是需要勇氣和膽量的。—— 托爾斯泰

我相信，信仰是我們一切思想的先進者，否定信仰，即等於反對我們一切創造力的精神源泉。—— 卓別林

真正的信仰是建立在岩石上的，而其他的一切都顛簸在時間的波浪上。—— 培根

呵，歡迎你！雙目明亮的信仰，兩手潔白的希望，你是凌空翱翔的天使，長著一對金色的翅膀。—— 彌爾頓

信仰是沒有國土和語言界限的，凡是擁護真理的人，就是兄弟和朋友。—— 亨利希·曼

冬天到了，春天還會遠嗎？—— 雪萊

你有信仰就年輕，疑惑就年老；有自信就年輕，畏懼就年老；有希望就年輕，絕望就年老；歲月使你皮膚起皺，但是失去了熱忱，就損傷了靈魂。—— 卡內基

信仰，是人們所必須的。什麼也不信的人不會有幸福。—— 雨果

沒有信仰，則沒有名副其實的品行和生命；沒有信仰，則沒有名副其實的國土。—— 惠特曼

信仰是精神的勞動；動物是沒有信仰的，野蠻人和原始人有的只是恐怖和疑惑。只有高尚的組織體，才能達到信仰。—— 契訶夫

理智是我們心靈的左手，信仰是我們心靈的右手，憑藉這左右手，我們能達到神聖的境界。—— 堂恩

由百折不撓的信念所支持的人的意志，比那些似乎是無敵的物質力量具有更大的威力。—— 愛因斯坦

我們依靠信仰而生活；然而，信仰並不是《聖經》與傳奇的奴隸。智理、上帝、人類以及天職的聲音是協調一致的。—— 惠蒂爾

信仰是人類認識自己智慧的力量的結果，這種信仰創造英雄，卻並不創造而且將來也不會創造上帝。—— 高爾基

信仰屬於靈魂的範疇。它是生活的希望，安全的鐵錨，靈魂的解脫。—— 拿破崙

信仰，狂熱的信仰，一旦和可愛的謬誤緊密結合，便會頑固到底。—— 摩爾

有了愛，有了希望，有了信仰的非凡天賦，我們就會感到自己比我們

所估量的更偉大。── 華茲華斯

古老的信仰到處點燃蠟燭，強有力的真理由此經過，把它們統統熄滅。── 里斯

居於一切力量之首的，成為所有一切的源泉的是信仰。而要生活下去就必須有信仰。── 羅曼·羅蘭

我看到全世界有良心、明事理的人都有一個共同的信仰── 善良與勇敢。── 愛默生

信仰需要你，需要誠實的人生；它不需要才智的高超，也不需要上帝的神祕深奧。── 湯瑪斯

試圖強迫一個人公開聲明接受一種他所反對的信仰，不但是不道德和不合法的，而且也是愚蠢和荒謬的。── 褚威格

革命理想，不是可有可無的點綴品，而是一個人生命的動力，有了理想，就等於有了靈魂。── 吳運鐸

信仰是心中的綠洲，思想的駱駝隊是永遠走不到的。── 紀伯倫

被人用罪名誣陷過的、經歷過辛辣而又激烈攻擊的信仰，才是持久的、永遠不變的信仰。── 洛威爾

智慧是做事用的，對於靈魂來說，靠的是信仰。── 高爾基

信仰應成為生活的準則，而不應是可有可無的芥末小事。── 迪斯雷利

人家的竊竊私語與你何干？走自己的路，讓人家去說長道短！要像一座卓立的塔，絕不因為暴風而傾斜。── 但丁

幾個蒼蠅咬幾口，絕不能羈留一匹英勇的奔馬。── 伏爾泰

◆ 信念

堅持你的主義，主義重於生命；寧願生命消失，只要聲譽能夠留存。── 裴多菲

每個人都有足夠的餘力去實現自己的信念。── 歌德

如果一個人有足夠的信念，那麼他就能創造奇蹟。── 溫塞特

將來勝利之日，我們要能活著，可能已死去，但我們的綱領是生存的，它將使全人類獲得解放。── 李卜克內西

沒有任何東西可以削弱或摧毀我心中美好的信念。── 哈代

為了迎合風向而改變自己見解的人，我們認為是糟糕的、卑鄙的、毫無信念的人。—— 杜勃羅留波夫

每個人都應當具有維護自己信念的勇氣。—— 洪堡

人有沒有信念並非取決於鐵鍊或任何其他外在的壓力。—— 卡萊爾

寧肯孑然而自豪地獨守信念，也莫不辨是非地隨波逐流。—— 溫斯頓·邱吉爾

有必勝信念的人才能成為戰場上的勝利者。—— 希金森

信念！有信念的人經得起任何風暴。—— 車爾尼雪夫斯基

一個人，如果沒有可以信賴的、堅定的原則，沒有所持的堅定立場，他怎麼能夠了解自己人民的要求、作用和未來呢？他怎麼能夠知道自己應該做些什麼呢？—— 屠洛涅夫

信念只有在積極的行動之中才能夠生，才能得到加強和磨礪。—— 蘇霍姆林斯基

勇敢和必勝的信念常使戰鬥得以勝利結束。—— 恩格斯

信念是由一種願望產生的，因為

願意相信才會相信，希望相信才會相信，有一種利益所在才會相信。—— 史特林堡

最可怕的敵人，就是沒有堅強的信念。—— 羅曼·羅蘭

如果信念的熱力不能使心靈感到溫暖，那定談不上什麼幸福。—— 岡察洛夫

◆ 希望

希望是熱情之母，它孕育著榮譽，孕育著力量，孕育著生命。一句話，希望是世間萬物的主宰。—— 普列姆昌德

希望在任何時候都是一種支撐生命的安全力量。—— 莎士比亞

希望是永恆的欣喜。它就像人類擁有的土地，年年有收益，是用不盡的、最牢靠的財產。—— 斯蒂文森

希望是戀人的手杖，帶著它前行，可以對抗自覺絕望的思想。—— 莎士比亞

不論前途如何，不管會發生什麼事情，我們都不失去希望：希望是一種美德。—— 雨果

在希望與失望的決鬥中，如果你用勇氣與堅決的雙手緊握著，勝利必屬於希望。—— 普里尼

雖然希望總是受到欺騙，但是有所希望是必要的，因為希望本身是幸福的，希望的煩惱，儘管時常發生，但總是沒有希望的破滅那麼可怕。—— 詹森

人生之路上到處充滿著希望。希望，如同埋在土地裡的種子；希望，深藏在趕路者的心中；希望，是人們對人生的渴望，對美好未來的嚮往。—— 穆尼爾·納素夫

希望是棲息於靈魂中的一種會飛翔的東西。—— 狄更生

希望—— 儘管它整個是騙人的—— 至少可以引導我們以一種愜意的方式走完生命的長途。—— 拉羅什富科

很難說什麼是辦不到的事情，因為昨天的夢想，可以是今天的希望，並且還可以成為明天的現實。—— 羅伯特

人最寶貴的財富是希望。如果只著眼於當前，我們就不會去播種。—— 伏爾泰

希望是很好的早餐，卻是很糟的晚餐。—— 培根

希望是堅韌的拐杖，忍耐是旅行袋，攜帶它們，人可以登上永恆之旅。—— 羅素

希望本身是一種幸福，也許是這個世界給予的主要幸福。但是，像其他所有適當享受的快樂一樣，希望過分了必將受到痛苦的懲罰；過分湎於期待必將最終導致失望。—— 塞謬爾·約翰生

人生包含兩部分：一部分是過去，是一場夢；一部分是未來，是一個希望。—— 金斯利

希望有如蝙蝠，以膽怯的翅膀敲打牆壁，撞觸腐朽的天花板，然後倉皇飛向遠方。—— 波特萊爾

在夢中播下再多種子，也得不到一絲豐收的喜訊；在田野上哪怕只播下一粒種子，也會有收穫的希望。—— 雨果

一切的和諧與平衡，健康與健美，成功與幸福，都是由樂觀與希望的向上心理產生與造成的。—— 華盛頓

洪水可以從涓滴細流中產生，大海有時卻出乎奇蹟地會乾涸；最有把

握的希望，往往結果失敗；最少希望的事情，反而出人意料地成功。——莎士比亞

對一切人們的疾苦，希望是唯一價廉而普遍的治療方法；它是俘虜的自由，病人的健康，戀人的勝利，乞丐的財富。——克魯利

希望是生命的靈魂，心靈的燈塔，成功的嚮導。——歌德

希望是唯一所有的人都共同享有的好處；一無所有的人，仍擁有希望。——塞利斯

希望之「橋」就是從「信心」這個字開來的——而這是一條把我們引向無限博愛的橋。——安徒生

希望蘊藏著極大的力量，使人們的志向和幻想成為實事。——巴爾頓

人生是海洋，希望是舵手的羅盤，使人們在暴風雨中不致迷失方向。——彼德羅

在生活中應當抱有莫大的希望，並以熱情和毅力來開拓自己的希望。——雷馬克

希望和耐心是每個人的救命藥；災難臨頭時，它們是最可靠的依賴，最柔軟的倚墊。——羅·伯頓

希望在任何情況中都是必須的，如果沒有希望的安慰，貧困、疾病、囚禁的悲慘境遇就會不能忍受。——詹森

希望是一種哄人的東西：當我們因為失望而發怒時，尤是如此；然而總的說來，沒有希望也就沒有樂趣。——哈利法克斯

許多人說他的生活已無希望，其實這只是騙人的話，只要他活在世界上一刻，希望便會躍動於他的心中。——洛弗爾

希望一旦萌生，就會久久縈繞心頭；雖說她是個可望而不可即的天使，但能時時給人以欣慰。——奧維德

誰失去了希望，誰也就沒有了恐懼。這就是「鋌而走險」這個詞的意義。——叔本華

希望和憂慮是分不開的；沒有希望就不會有憂慮，沒有憂慮也就沒有希望。——拉羅什富科

每個人心中都應有兩盞燈：一盞是希望的燈光；一盞是勇氣的燈光。有了這兩盞燈光，我們就不怕海上的黑暗和風濤的險惡了。——羅曼·羅蘭

◆ 未來

追上未來，抓住它的本質，把未來轉變現在。 —— 車爾尼雪夫斯基

千萬不要過高地估計現在，千萬不要寄希望於現在；幸福和愉快只能是對幸福的未來的憧憬。 —— 契訶夫

我們都喜歡瞻望未來，因為我們總是暗自希望那些活動著的尚未肯定的事情，朝著於我們有利的方向發展。 —— 歌德

黑夜裡盛開的鮮花，在白天裡總要結果實；爭取光明的努力，總有達到目的的一日。 —— 赫爾姆林

對未來的嚮往，乃是基於對某種永不會消滅的東西的存在，所產生出來的真摯而強烈的感覺。 —— 歌德

過去是一個有限的和可以估價的概念，未來卻是無限的，因為它是個未知數。 —— 喬治·桑

與過去的歷史相比，我更喜歡未來的夢想。 —— 傑弗遜

我們知道自己現在是什麼，可不知道自己將來會變成什麼。 —— 莎士比亞

每一忠實於未來、為了美好的未來而犧牲的人都是一座石質的雕像。 —— 伏契克

每個聖人都有過去，每個罪人都有未來。 —— 王爾德

對未來的真正慷慨就在於把一切都獻給現在。 —— 加繆

未來是光明而美麗的，愛它吧，向它突進，為它工作，迎接它，盡可能使它成為現實吧！ —— 車爾尼雪夫斯基

◆ 目標

人生的真正歡樂是致力於一個自己認為是偉大的目標。 —— 蕭伯納

沒有目標而生活，恰如沒有羅盤而航行。 —— 康德

有些人活著沒有任何目標，他們在世間行走，就像河中的一棵小草，他們不是行走，而是隨波逐流。 —— 小塞內卡

耐心追求目標，不斷進步，在獲取無限的過程中，表現了人類驚人的偉大性。 —— 奧康

那盞燈掛在夜裡，是一個目標，它是一枚氣體水果，光的水果，卻又有著樹上果實所有的那種美味。── 高爾基

要有生活目標：一輩子的目標，一段時期的目標，一個階段的目標，一年的目標，一個月的目標，一個星期的目標，一天的目標，一個小時的目標，一分鐘的目標，還得為大目標犧牲小目標。── 托爾斯泰

對於盲目航行的船來說，所有的風都是逆風。── 哈伯特

向前看總是明智的，但要做到高瞻遠矚並非易事。── 溫斯頓·邱吉爾

我們的生活就像旅行，思想是導遊，沒有導遊，一切都會停止。目標會喪失，力量也會化為烏有。── 歌德

人必須像天上的星星，永遠很清楚地看出一切希望和願望的火光。── 高爾基

沒有一定的目標，智慧就會喪失；哪裡都是目標，哪裡就都沒有目標。── 蒙田

向著某一天終於要達到的那個終極目標邁步還不夠，還要把每一步驟看作目標，使它作為步驟而起作用。── 歌德

在理想的最美好的世界中，一切都是為最美好的目的而設。── 伏爾泰

沒有目的，就做不成任何事情；目的渺小就做不成任何大事。── 狄德羅

一個崇高的目標，只要不渝地追求，就會成為壯舉；在它純潔的目光裡，一切美德必將勝利。── 華茲華斯

只有向自己提出偉大的目標並以自己的全部力量為之而奮鬥的人，才是幸福的人。── 加里寧

在狹隘的環境中使精神狹隘，人要有更大的目標才能大成。── 席勒

人的本性便是追求目標，而且，因為人「生來就是這樣」，所以，除非他起到生來應該起的作用──做一個追求目標的人，否則，他不會感到幸福。── 馬克斯威爾

目標越接近，困難越增加。但願每一個人都像星星一樣安詳而從容地不斷沿著既定的目標走完自己的路程。── 歌德

凡是以追求自己的幸福為目標的

人，是壞的；凡是以博得別人的好評為目標的人，是脆弱的；凡是以使他人幸福為目標的人，是有德行的。—— 托爾斯泰

走得最慢的人，只要他不喪失目標，也比漫無目的地徘徊的人走得快。—— 萊辛

胸懷目標，無論達到與否，都能使生活有意義。爭取做個莎士比亞，其餘的事聽由命運決定。—— 白朗寧

偉大的熱情能戰勝一切，因此我們可以說，一個人只要強烈地堅持不懈地追求，他就能達到目的。—— 司湯達

◆ 奮鬥

對於每一個人，他所能選擇的奮鬥方向是寬廣的。—— 愛因斯坦

重要的不是成功，而是奮鬥。—— 赫伯特

只有經過長時間完成其發展的艱苦工作，並長期埋頭沉浸於其中的任務，方可望有所成就。—— 黑格爾

我們應當努力奮鬥，有所作為。這樣，我們就可以說，我們沒有虛度年華，並有可能在時間的沙灘上留下我們的足跡。—— 拿破崙

生活好比橄欖球比賽，原則就是：奮力衝向底線。—— 狄奧多‧羅斯福

每一個心靈只要能盡無論多麼微不足道的努力，他就會由奮鬥本身得到高尚的享受。—— 穆勒

世界之所以有前進的動力，靠的是有人不安於現狀；至於滿足的人，總是局囿於舊框框之內。—— 霍桑

一個人必須經過一番刻苦奮鬥，才會有所成就。—— 安徒生

不學那懶惰的遊蜂，貪享著他人的成功。—— 莎士比亞

人在他的歷史中表現不出他自己，他在歷史中奮鬥著露出頭角。—— 泰戈爾

我們更無須遲疑，只是試煉自己，自求生存，對誰也不懷惡意地做下去。—— 奧康

真正的勝利所起的作用在於鬥爭，而不是平安無事地坐享其成；英勇的光榮之處在於奮戰而非得勝。—— 蒙田

凡是天生剛毅的人必有自強不息的能力，也就是生存的本能，掙扎圖

存的本能。—— 羅曼·羅蘭

宇宙中最偉大的事物是好人與逆境搏鬥。—— 哥爾斯密

我們所完成的任何科學工作，都是透過長期考慮、忍耐和勤奮得來的。—— 達爾文

我始終不願拋棄我的奮鬥生活，我極端重視由奮鬥得來的經驗，尤其是戰勝困難後所得的愉快；一個人要先經過困難，然後踏進順境，才覺得受用、舒適。—— 愛迪生

鬥爭經常受挫折，受到痛苦的挫折，完全如觸礁一般，然而鬥爭絕不會停止，它會以眼淚、悔恨重新開始實現其真正不可征服的目的。—— 卡萊爾

我們應當努力奮鬥，有所作為。這樣，我們就可以說，我們沒有虛度年華，並有可能在時間的沙灘上留下我們的足跡。—— 拿破崙

◆ 追求

沒有追求的人生是十分乏味的。—— 喬治·艾略特

只有執著追求並從中得到最大快樂的人，才是成功者。—— 梭羅

人致力於一個目標，一種觀念……是人在生活過程中追求完整之需要的一種表現。—— 弗洛姆

對真理和知識的追求並為之奮鬥，是人的最高品格之一 —— 儘管把這種自豪喊得最響的往往是那些努力最小的人。—— 愛因斯坦

人生就是行動、鬥爭和發展，因而不可能有什麼固定不變的目標，人生的欲望和追求絕不會停止不動。—— 弗蘭克·梯利

沒有追求的人必然是怠慢的。—— 維納德

讓整個一生都在追求中度過吧，那麼在這一生中必定會有許許多多頂頂美好的時刻。—— 高爾基

人們往往忽略在眼前的事物，而一味渴求遠在天邊的東西。—— 小普林尼

天地萬物都在追求自身的獨一無二的完美。—— 泰戈爾

世上一切真正有益的東西無一不是智者透過正確的追求所得到的。—— 伯克

偉大的熱情能戰勝一切，因此我們可以說，一個人只要強烈地堅持不

懈地追求，他就能達到目的。——
司湯達

追求幸運的人應該是行李越輕越
好！—— 巴爾札克

一個人常常由這個思想引出那個思
想，因而是遠離了他所追求的正確
目標，第二個思想往往減少第一個
思想。—— 但丁

世間的任何事物，追求時候的興致
總要比享用時候的興致濃烈。——
莎士比亞

生命之箭一經射出就永不停止，永
遠追逐著那逃避它的目標。—— 羅
曼·羅蘭

在這個完全有條件的世界上，去直
接追求無條件的事物，沒有比這更
可悲的景象了。—— 歌德

人類的使命在於自強不息地追求完
美。—— 托爾斯泰

不斷去收穫，不斷去追求，永遠學
習苦幹和等待。—— 朗費羅

◆ 意志

人最兇惡的敵人，就是他的意志力
的薄弱和愚蠢。—— 高爾基

意志是世界的身體，是世界的內在
內容，是世界的本質、生命。可見
的世界、現象只不過是意志的鏡
子。—— 叔本華

人的意志在義務和愛好之間是完
全自由的，任何物質的強制既不
能也不可干預人的這種個人的主
權。—— 席勒

只有毅力才能使我們成功。毅力是
來源於毫不動搖，堅決採取為達到
成功需要的手段。—— 車爾尼雪夫斯基

我們行動的意志，依我們行動次數
的頻繁和堅定的程度而增強，而腦
力則依意志的使用而增長。這樣便
真能產生信仰。—— 海倫·凱勒

意志愈是激烈，則意志自相矛盾的
現象愈是明顯觸目，而痛苦也愈
大。—— 叔本華

人的身上除了他的意志以外再沒有
別的支配力，只有像死亡和失去意
識這種可以消滅人的東西，才能廢
棄人的內在自由。—— 席勒

最最要緊的是堅定。不要讓痛苦使
你背離你已經開始的、值得讚美的
事業。—— 格里美爾斯豪森

如果我們被打敗了，我們就只有再

從頭做起。——恩格斯

意志引人入坦途，悲傷陷人於迷津。——史賓賽

在人類行為中表現的意志，如同所有其他外界事物一樣，受普遍的自然法則所決定。——黑格爾

命運的主宰是人自己，而人自己的主宰是意志。——伏爾泰

你想有所作為嗎？那麼堅定地走下去吧！後退只會使意志衰退。——羅·赫里克

意志是無限的，但實行起來卻往往有許多不可能；欲望是無窮的，然行為亦必須受制於種種束縛。——莎士比亞

不屈不撓的意志之星，在我的心中升起：雍容自若，沉著堅定，安詳而又靜謐。——朗費羅

偉大的作品不是靠力量，而是靠堅持來完成的。——詹森

那些雖然貧苦、卻有充分的自由實現他們誠實的意志的人們是有福的。——莎士比亞

無所事事只是薄弱意志的避難所。——斯坦霍普

誰都可以成為作家，但是要達到這一點就必須具有堅強的意志。——尼古拉·奧斯特洛夫斯基

讚美人是因為一切美好的有社會價值的東西，都是由人的力量、人的意志創造出來的。——高爾基

誰有歷經千辛萬苦的意志，誰就能達到任何目的。——米南德

儘管我們用判斷力思考問題，但最終解決問題的還是意志，而不是才智。——沃勒

呵，意志堅強的人是多麼幸福！他是要受苦，但絕不會苦得太久；他是要受苦，但絕不會白白受苦。——丁尼生

意志與命運往往背道而馳，決心到最後全部推倒。我們的想法是自己的，但是結果卻無從掌握。——莎士比亞

運氣喜歡在某些時刻撤退，為的是要你以堅韌的努力把它重新召回。——蒙森

意志是一個由比閃電還敏捷的各種液體組成的，看不見的兵團，使它的部下隨時供它驅使。——拉美特利

你要是爬山，就爬到頂，一摔倒，

就會跌到深淵裡。——高爾基

有了堅定的意志，就等於給雙腳添了一對翅膀。——喬·貝利

一位仍無社會適應力，仍無成就可言的年輕人，最好儘量發揮他的自我意識，也就是說，以培養自己的意志為主策。——榮格

要意志堅強，要勤，要探索，要發現，並且永遠不屈服。——赫胥黎

如果缺乏努力和意志，如果不肯犧牲和勞動，你自己就會一事無成。——赫爾岑

否定意志的自由，就無道德可言。——弗勞德

意志越衰弱，感受、想像、夢想新奇事物的欲望就越漫無節制。——尼采

意志不可摧毀，就像火的天生一般，一等障礙除去，便要恢復原狀。——但丁

凡是天性剛強的人，必定有自強不息的力量。——羅曼·羅蘭

宿命論是那些缺乏意志力的弱者的藉口。——羅曼·羅蘭

艱苦能磨練人的意志！——托·布朗

沒有力量的意志就如同假裝士兵的孩子。——坎寧

意志，一種能力，一種心靈藉以肯定或否定什麼是真、什麼是錯誤的能力，而不是心靈藉以追求一物或避免一物的欲望。——斯賓諾莎

沒有偉大的意志力，就不可能有雄才大略。——巴爾札克

世上最堅強的人就是獨自忍受一切的人。——易卜生

由百折不撓的信念所支持的人的意志，比那些似乎是無敵的物質力量有更強大的威力。——愛因斯坦

◆ 行動

光有知識是不夠的，我們還必須應用知識；光有意志是不夠的，我們還必須見諸行動。——歌德

行動也許不一定帶來快樂；但是沒有行動就絕沒有快樂。——迪斯雷利

我們所要做的事，應該一想到就做；因為人的想法是會變化的，有多少舌頭、多少手、多少意外，就會有多少猶豫、多少延遲；那時候再空談該做什麼，只不過等於聊以自慰的長籲短嘆，只能傷害自己的

身體罷了。 —— 莎士比亞

我們必須作為思考的人而行動；作
為行動的人而思考。 —— 柏格森

一個人的一生是否有價值，應用一
條較為崇高的標準來衡量：這就是
行動，而不是歲月。 —— 謝里丹

行動就好比是一個什麼鑰匙都可以
打開的匣子。 —— 薩特

第三篇　道德篇

◆ 美德

白銀不如黃金貴，黃金不如美德好。── 賀拉斯

唯有品德，可以開成功之門，收成功之果。── 馬頓

我們的美德常常表現出來，但惡習卻總是喬裝打扮。── 賀拉斯

德不是天生的，是人造的。所以要由人去保衛它。── 羅曼‧羅蘭

用鼓勵和潔明的言語來造就一個人的道德，顯然是比用法律和約束更能成功。── 德謨克利特

把「德性」教給你們的孩子，使人幸福的是德性而非金錢。這是我的經驗之談。在患難中支持我的是道德，使我不曾自殺的，除了藝術之外，也是道德。── 貝多芬

名譽和美德是心靈的裝飾，要沒有它，那肉體雖然真美，也不應該認為美。── 賽凡提斯

把美的形象與美的德行結合起來吧，只有這樣，美才會放射出真正的光輝。── 培根

人的美德的榮譽比他的財富的名譽不知大多少倍。── 達文西

德行之力，十倍於身體之力。── 拿破崙

道德是我們能夠給別人的最寶貴的禮物。而道德的最高任務寓於其自身的傳播。── 威廉‧葛德文

無論是慷慨、善良還是正義，都應隨時準備用美德去換取。── 史密斯

美德有如名香，經燃燒或壓榨而其香愈烈，蓋幸運最能顯露惡德而厄運最能顯露美德也。── 培根

應該熱心地致力於照道德行事，而不要空談道德。── 德謨克利特

生命短促，只有美德能將它留傳到遼遠的後世。── 莎士比亞

一個人的美德不應由他特殊的行動來衡量，而應由他日常的品行來衡量。── 巴斯卡

美德好比寶石，它在樸素背景的襯托下反而更華麗。同樣，一個打扮並不華貴卻端莊嚴肅而有美德者是令人肅然起敬的。── 培根

人不應當像走獸一般地活著，應當追求知識和美德。── 但丁

美德的路窄而險，罪惡道路寬而平，可是兩條路止境不同：走後一

條路是送死，走前一條路是得生，而且得到的是永生。—— 賽凡提斯

道德的恩惠是時間和勞力的節約。道德的損害是良心的完全麻痺。—— 芥川龍之介

美德像奇麗的寶石一樣，如果鑲嵌得淡雅，就顯得更有風采。—— 尼爾

美德是世上唯一永不凋謝的花朵。—— 威·柯珀

支配和統治一切的，在君主政府中是法制的力量；在專制政府中是永遠高舉著的君主鐵拳。但是在一個人民的國家中還要有推動的樞紐，這就是美德。—— 孟德斯鳩

美德不是裝飾品，而是美好心靈的表現形式。—— 紀德

我深信只有有道德的公民才能向自己的祖國致以可被接受的敬禮。—— 盧梭

如果美德得不到應有的獎勵，人間的罪惡就會橫行無忌，而受不到懲罰。—— 顯克微支

一個有道德的人是一個心裡上感到誘惑就對誘惑進行反抗，而絕不屈從於它的人。—— 佛洛伊德

愛美德行為所帶來的光榮，正是人類愛美德的一個有說服力的證據。—— 休謨

道德觀是人的獨特品格的一個組成部分。—— 泰戈爾

道德面貌渺小的地方，不會有偉大的人物出現。—— 羅曼·羅蘭

道德的最大祕密就是愛，或者說，就是逾越我們自己的本性，而融入旁人的思想、行為或人格中存在的美。—— 雪萊

並不是金錢與財產使一個人有價值，人的價值是以他的品德來評斷的。—— 辛尼加

美德具備了純然無限的價值，人生的不幸變成了不可比擬的渺小。—— 顯克微支

人們的美德常常表現出來，但惡習卻總是喬裝打扮。—— 拉羅什富科

陰謀陷害別人的人，自己會首先遭到不幸。—— 伊索

假如你的品德十分高尚，莫為出身低微而悲傷，薔薇常在荊棘中生長。—— 薩迪

道德常常能填補智慧的缺陷，而智慧卻永遠填補不了道德的缺陷。—— 但丁

教育的唯一工作與全部工作可以總結在這一概念之中 —— 道德。—— 赫爾巴特

優良的品德是內心真正的財富，而襯顯這品行的是良好的教養。—— 約翰·洛克

德行的實現是由行為，不由文字。—— 康門紐斯

美德與過惡，道德上的善與惡，都是對社會有利或有害的行為；在任何地點，任何時代，為公益作出最大犧牲的人，都是人們會稱為最道德的人。—— 伏爾泰

道德修養所能達到的最高境界是：我們認識到應當控制自己的思想，「甚至在內心深處，也別再想到曾使我們十分快樂的罪孽」。—— 達爾文

人生，幸福不是目的，品德才是準繩。—— 比徹

裝飾對於德行也同樣是格格不入的，因為德行是靈魂的力量和生氣。—— 盧梭

如果道德敗壞了，趣味也必然會墮落。—— 狄德羅

精神上的道德力量發揮了它的潛能，舉起了它的旗幟，於是我們的愛國熱情和正義感在現實中均得施展其威力和作用。—— 黑格爾

真理和美德是藝術的兩個密友。你要當作家，當批評家嗎？請首先做一個有德行的人。—— 狄德羅

我願證明，凡是行為善良與高尚的人，定能因之而擔當患難。—— 貝多芬

善良的最光榮標誌是坦白地承認自己的錯誤以及別人的錯誤，用道德的力量去中止趨於邪惡的傾向。—— 蒙田

個人美德包含在對自己或對他人皆有用或皆愉悅的心靈性質裡。—— 休謨

要是一個人的全部人格、全部生活都奉獻給一種道德追求，要是他擁有這樣的力量，一切其他的人在這方面和這個人相比起來都顯得渺小的時候，那我們在這個人的身上就看到崇高的善。—— 車爾尼雪夫斯基

積極地關心他人的幸福和不幸，與他們同甘共苦，這是真正的道德。——費爾巴哈

美德並非如學者所說，坐落在陡峭的山崖，挺拔險峻，高不可攀。——蒙田

沒有一個美德是不存在冒險的，正是因為這點接受美德才是高尚的。——伏爾泰

良心是由人的知識和全部生活方式來決定的。——馬克思

人在智慧上應當是明豁的，道德上應該是清白的，身體上應該是潔淨的。——契訶夫

人在順境中要比在逆境中更需要美德。——拉羅什富科

一切美德都是由於放棄自我而形成的，果實之所以極度甘美，便是由於企求萌芽使然。——紀德

人類被賦予了一種工作，那就是精神的成長。——托爾斯泰

有德行的人之所以有德行，只不過受到的引誘不足而已；這不是因為他們生活單調刻板，就是因為他們專心一意奔向一個目標而無暇旁顧。——鄧肯

沒有偉大的品格，就沒有偉大的人，甚至也沒有偉大的藝術家，偉大的行動者。——羅曼·羅蘭

理智要比心靈為高，思想要比感情可靠。——高爾基

所有的人都是平等的，造成差別的不是門第，而只是美德。——伏爾泰

感情有著極大的鼓舞力量，因此，它是一切道德行為的重要前提。——凱洛夫

人的美德猶如名貴的檀香，通過烈火焚燒會散發出最濃郁的芳香。正如惡劣的品格將在幸福中呈露一樣，最美好的品格也正是在逆境中被顯示。——培根

最高的道德就是不斷地為人服務，為人類的愛而工作。——甘地

品德，應該高尚些；處世，應該坦率些；舉止，應該禮貌些。——孟德斯鳩

有比快樂、藝術、財富、權勢、知識、天才更寶貴的東西值得我們去追求，這極為寶貴的東西就是優秀而純潔的品德。——塞謬爾·斯邁爾斯

◆ 良心

凡是違背良心的東西，或阻礙良心實現其所能決定的東西，肯定都是假的，永遠也不會令人信服。——費希特

當理智和情感完全一致的時候，良心的聲音就會在心靈中占據統治地位。——蘇霍姆林斯基

使人做自己舉止行為的最嚴厲的評判者的力量是什麼？是良心，它成為行為和理智的捍衛者。——蘇霍姆林斯基

就人性說來，唯一的嚮導，就是人的良心。——溫斯頓·邱吉爾

啊！良心！良心！人類最忠實的朋友。——高爾基

人在面對良心，省察胸中抱負和日常行動的時候，往往黯然神傷！——雨果

良心可能會創造道德。但道德至今為止連良心的「良」字也沒有創造過。——芥川龍之介

良心是權利法律無法賜予，也無法剝奪的。——古德恩

良心是內心的審判者，它感覺每一個動機的產生，它的寶座是人類的感性，它統治著人類行為的王國。——雪萊

凡是對他人有害的，對我也是有害的；凡是對他人有益的，對我也是有益的；良心總是這樣說的。——托爾斯泰

良心是我們每個人心頭的崗哨，它在那裡值勤站崗，監視著我們別做出違法的事情來。它是安插在自我的心中堡壘中的暗探。——毛姆

處於順境的時候，良心的譴責就睡著了；處於逆境的時候，良心的譴責就加劇了。——盧梭

人有時候跟一條光桿船一樣。良心是這條船的鐵錨。可悲的是鐵錨～良心～的鏈條也可能掙斷。——雨果

人如果沒有良心，哪怕有天大的聰明也活不下去。——高爾基

凡是對真理沒有虔誠的熱烈的敬意的人，絕對談不到良心，談不到崇高的生命。——羅曼·羅蘭

在每個人的心中的良心，是寫在他的心上的上帝的命令。——湯瑪斯·黎德

人必須對自己生活中的得失負責。只要他了解他的良心之聲，就能恢復自我。如果他做不到這一點，就將滅亡；除了他自己，沒有人能幫助他。—— 弗洛姆

名譽是表現在外的良心；良心是隱藏在內的名譽。—— 叔本華

良心的功能就在於維護人的真正的自利，所以只要一個人還沒有完全喪失他的自我，還沒有成為他自己的漠不關心和破壞性的犧牲品，他總會存在，總會起作用。—— 弗洛姆

白日精心於事務，但勿作有愧於良心之事，到夜間能坦然就寢。——司各特

高尚的人無論走向何處，身邊總有一個堅強的捍衛者 —— 那就是良心。—— 司各特

我可以咬住舌頭，緘口不言，但是，我卻不能使我的良知沉默不語。—— 泰戈爾

良心就是共同商議好的理所當然的東西。—— 高爾基

◆ 修養

良好教養的頂點與其說表現在不與人爭，不如說表現在熱心助人。—— 理查·斯蒂爾

禮儀的目的與作用在於使得本來的頑梗變柔順，使人們的氣質變溫和，使他敬重別人，和別人合得來。—— 約翰·洛克

如果一個有才能的人想迅速地幸運發展起來，就需要有一種很昌盛的精神文明和健康的教養在他那個民族裡得到普及。—— 歌德

我們想要涵養公正的品德，就應養成一種「不苟」的優良習慣。——林肯

對別人述說自己，這是一種天性；因此，認真對待別人向你述說他自己的事，這是一種教養。—— 歌德

修養的本質如同人的性格，最終還是歸結到道德情操這個問題上。—— 愛默生

不論你是一個男子還是一個女人，待人溫和寬大才配得上人的名稱。一個人的真正的英勇果敢，絕不等於用拳頭制止別人發言。—— 薩迪

修養之於心地，其重要猶如食物之於身體。—— 西塞羅

青年人應當不傷人，應當把各人所得的給予各人，應當避免虛偽與欺騙，應當顯得懇摯悅人，這樣學著去行正直。—— 康門紐斯

虔誠不是目的，而是手段，是透過靈魂的最純的寧靜而達到最高修養的手段。—— 歌德

教養就是習慣於從最美好的事物中得到滿足，而且知道為什麼。—— 亨·范戴克

沒有教養、沒有學識、沒有實踐的人的心靈好比一塊田地，這塊田地即使天生肥沃，但倘若不經耕耘和播種，也是結不出果實來的。—— 漢斯·格里美爾斯豪森

誰對待路人能像對待家賓那樣彬彬有禮，誰就是世界公民。—— 培根

壞事情一學就會，早年沾染的惡習，從此以後就會在所有的行為和舉動中顯現出來，不論是說話或行動上的毛病，三歲至老，六十不改。—— 克雷洛夫

有文化教養的人能在美好的事物中發現美好的含義。這是因為這些美好的事物裡蘊藏著希望。—— 王爾德

脾氣暴躁是人類較為卑劣的天性之一，人要是發脾氣就等於在人類進步的階梯上倒退一步。—— 達爾文

啊，有修養的人多快樂！甚至別人覺得是犧牲和痛苦的事，他也會感到滿意、快樂；他的心隨時都在歡躍，他有說不盡的歡樂。—— 車爾尼雪夫斯基

蜜蜂從花中啜蜜，離開時營營地道謝。浮誇的蝴蝶卻相信花是應該向他道謝的。—— 泰戈爾

一個人只要有耐心進行文化方面的修養，就絕不至於蠻橫得不可教化。—— 賀拉斯

人的思想是可塑的。一個人如果每天觀賞一幅好畫，閱讀某部佳作中的一頁，聆聽一支妙曲，就會變成一個有文化修養的人 —— 一個新人。—— 拉斯金

只有不夠聰明的人才批評、指責和抱怨別人。但是，善解人意和寬恕他人，需要修養和自製的功夫。—— 卡內基

要使人成為真正有教養的人，必須具備三個品格：淵博的知識、思維

的習慣和高尚的情操。 —— 車爾尼雪夫斯基

凡有良好教養的人都有一禁誡：勿發脾氣。 —— 愛默生

作為一個人，對父母要尊敬，對子女要慈愛，對窮親戚慷慨，對一切人要有禮貌。 —— 羅素

◆ 善良

善良，是一種世界通用的語言，它可以使盲人感到，聾子聞到。 —— 馬克·吐溫

善是一種無窮無盡的力量和一切有感覺的存在不可或缺的自愛之心的必然結果。 —— 盧梭

善良 —— 這是天才者的偉大品格之一。 —— 安格爾

生活中的善越多，生活本身的情趣也越多。二者水乳交融，相輔相成。 —— 托爾斯泰

善良的根須和根源，在於建設，在於創造，在於確立生活和善意。善良的品格同美有著不可分割的聯繫。 —— 蘇霍姆林斯基

越是善良的人，越覺察不出別人的居心不良。 —— 米列

沒有善良 —— 一個人給予另一個人的真正發自肺腑的溫暖 —— 就不可能有精神的美。 —— 蘇霍姆林斯基

善良人一生的精華，便是他那些無可稱道而又不記在心上的小小的仁愛的行為。 —— 華茲華斯

在一切道德品格之中，善良的本性在世界上是最需要的。 —— 羅素

人類先天就要有一種對善美的追求，對生命的歌頌和對造物者的佩服。越是善良的靈魂，就是對造物者有至高的敬意。 —— 羅曼·羅蘭

根據心靈的基本原則，人類是能夠為了善本身而追求善的。 —— 雪萊

善良的、忠實的心裡充滿著愛的人，不斷地給人間帶來幸福。 —— 馬克·吐溫

善與惡在川流中混雜的。但是，每個人都在他的生活過程中改造自己的血液。 —— 羅曼·羅蘭

善良既是歷史中稀有的珍珠，善良的人便幾乎優於偉大的人。 —— 雨果

善良與品德兼備，有如寶石之於金屬，兩者互為襯托，益增光彩。——蕭伯納

善良人一生的精華，便是他那些無可稱道而又不記在心上的小小的仁愛的行為。——華茲華斯

◆ 正直

人要正直，因為在其中有雄辯和德行的祕訣，有道德的影響力。——阿密埃爾

正直的人都是抗震的，他們似乎有一種內在的平靜，使他們能夠經受住挫折甚至是不公平的待遇。——亞瑟·戈森

你如果真正是一個善良而正直的人，那麼，當你行仁由義的時候，永遠不會遇到傷害。——柏拉圖

德，如果僅僅表現為個人單純地適合其所應盡——按照其所處的地位——義務，那就是正直。——黑格爾

正直的人是一切人中最不為不安所苦者，不正直的人永遠為不安所苦。——伊比鳩魯

正直意味著自覺自願地服從，從某種意義上說，這是正直的核心……——亞瑟·戈森

為人善良和正直才是最光榮的。——盧梭

做一個正直的人，就必須把靈魂的高尚與精神的明智結合起來。——愛爾維修

做一個聖人，那是特殊情形；做一個正直的人，那卻是為人的正軌。——雨果

世上沒有比正直更豐富的遺產。——莎士比亞

一個正直的人要經過長久的時間才能看得出來，一個壞人只要一天就認得出來。——索福克勒斯

給人幸福的不是身體上的好處，不是財富，而是正直和謹慎。——德謨克利特

我大膽地走著正直的道路，絕不有損於正義與真理而諂媚和敷衍任何人。——盧梭

我們的奮鬥目標，不是長壽，而是活得正直。——塞內加

正直的人是神創造的最高尚的作品。——蒲柏

正直與真實乃致富之大功臣也。——亞歷山大

◆ 誠實

您必須保持誠實人的立場。這時常是冒險的，這需要有勇氣。——尼古拉·奧斯特洛夫斯基

誠實者既不怕光也不怕黑暗。——富勒

除非你的話能給人安慰，否則最好保持沉默；寧可因為說真話負罪，也不要說假話開脫。——薩迪

老老實實最能打動人心。——莎士比亞

說出一個人真實的思想是人生極大的安慰。——伏爾泰

誠實比一切智謀更好，而且它是智謀的基本條件。——康德

始終不渝地忠實於自己和別人，就能具備最偉大才華的最高品格。——歌德

說謊話的人所得到的，就只是即使說真話也沒有人相信。——伊索

誠實而無知，是軟弱的，無用的；然而有知識而不誠實，卻是危險的，可怕的。——詹森

難聽的實話勝過動聽的謊言。——邦達列夫

一清如水的生活，誠實不欺的性格，在無論哪個階層，即使心術最壞的人也會對之肅然起敬。——巴爾札克

誠實的人絕不會因為太誠實而使別人生厭。——約翰·雷

不知道並不可怕和有害。任何人都不可能什麼都知道，可怕的和有害的是不知道而假裝知道。——托爾斯泰

真誠是一種心靈的開放。——拉羅什富科

質樸卻比巧妙的言辭更能打動我的心。——莎士比亞

誠實是藝術的大要素之一。只要我們總對自己誠實，藝術就總在那裡，它絕不會讓我們失望的。——柯尼利亞

本性流露永遠勝過豪言壯語。——萊辛

無論烏鴉怎樣用孔雀的羽毛來裝飾自己，烏鴉畢竟是烏鴉。——史達林

真實與樸實是天才的寶貴品格。——斯坦尼斯拉夫斯基

誠實是人生的命脈，是一切價值的根基。——德萊塞

走正直誠實的生活道路，必定會有一個問心無愧的歸宿。——高爾基

政治上採取誠實態度，是有力量的表現，政治上有採取欺騙態度，是軟弱的表現。——列寧

誠實而無知，是軟弱的，無用的；然而有知識而不誠實，卻是危險的，可怕的。——詹森

我要求別人誠實，我自己就得誠實。——杜斯妥也夫斯基

閃光的東西不一定都是金子。——列寧

生命不可能從謊言中開出燦爛的鮮花。——海涅

誠實和勤勉，應該成為你永久的伴侶。——富蘭克林

意志薄弱的人不可能真誠。——拉羅什富科

我並不是打算說，堂皇的語言是在任何場合都合適的。一個瑣屑的問題用富麗堂皇的言語打扮起來，會產生把一個悲劇英雄的巨大面目戴在小孩頭上那樣的效果。——朗吉弩斯

在市場上常常可以看到一種情況：那個叫喊得最凶的和發誓發得最厲害的人，正是希望把最壞的貨物推銷出去的人。——列寧

◆ 勇敢

只有兩種美德的堡壘，即勇敢與機警，能抵禦一個軍隊或更多軍隊的攻擊。——愛爾維修

勇敢是對於通常會引起恐懼的東西抱著鄙夷態度的品格，它鄙薄、蔑視、壓倒一切恐嚇我們、桎梏人類自由的東西。——塞內卡

真能捐軀疆場的人，一定能夠奮不顧身，至於愛惜身家的人，縱使博得勇敢之名，也只是出於僥倖，絕沒有勇敢之實。——莎士比亞

勇敢產生於鬥爭中，勇氣是在每天對困難的頑強抵抗中養成。——尼古拉·奧斯特洛夫斯基

真正勇敢的人，應當能夠智慧地忍受最難堪的屈辱，不以身外的榮辱介懷，用息事寧人的態度避免無謂的橫禍。 —— 莎士比亞

勇氣是人類最重要的一種特質，倘若有了勇氣，人類其他物質自然也就具備了。 —— 溫斯頓·邱吉爾

人們常常是通過軟弱而達到堅強，通過怯懦而達到勇敢。 —— 拉羅什富科

勇敢征服一切：它甚至能給血肉之軀增添力量。 —— 奧維德

一個勇士的成功常常會激勵一代人的勤勉和勇敢。 —— 褚威格

告訴一個人他很勇敢，就是幫助他變得勇敢。 —— 卡萊爾

要堅強，要勇敢，不要讓絕望和庸俗的憂愁壓倒你，要保持偉大的靈魂在經受苦難時的豁達與平靜。 —— 亞米契斯

認為痛苦是最大不幸的人，是不可能勇敢的；認識享樂是最大幸福的人，是不可能有節制的。 —— 西塞羅

艱苦的工作在等著我們去做，沉重的擔子在等著我們去挑，不要回避艱辛，要敢於正視它。因為它是上帝所賜的禮品。 —— 巴布科克

懦夫在未死之前，就已經死過好多次；勇士一生只死一次。 —— 莎士比亞

勇敢和膽怯一樣，無疑都是有感染力的，但是有些人卻生來不易感染。 —— 普倫蒂斯

勇敢並不是沒有畏懼心理，說沒有畏懼心理，是愚蠢而荒謬的。所謂勇敢，只不過是勇者以其高尚的靈魂克服了他自己的畏懼心理，勇敢地正視本能所懼的危險。 —— 喬·貝利

由於責任感和正義感而阻撓貪生怕死的天性，這就是行為中的英雄氣概了。 —— 亞當·斯密

勇敢是智慧和一定程度教養的必然結果。 —— 托爾斯泰

一個目光敏銳，見識深刻的人，倘又能承認自己有局限性，那他離完人就不遠了。 —— 歌德

要像勇士那樣生活，用英勇的氣概去和災難拚搏。 —— 賀拉斯

◆ 謙虛

在人生道路上能謙讓三分，就能天寬地闊。—— 卡內基

謙虛的人，快來，讓我擁抱你們！你們使生活溫和動人。你們自以為一無所有，可是我說你們擁有一切。—— 孟德斯鳩

過分的謙虛，是對自然的一種忘恩負義；相反的，一種誠摯的自負卻象徵一個美好的偉大的心靈。—— 拉美特利

偉人多謙虛，小人多驕傲。太陽穿一件樸素的光衣，白雲卻披著燦爛的裙裾。—— 泰戈爾

凡過於把幸運之事歸功於自己的聰明和智謀的人多半是結局很不幸的。—— 培根

謙虛對才華無奇的人來說只是一種誠實，對才華絕頂的人來說，是一種虛偽。—— 叔本華

一種美德的幼芽、蓓蕾，這是最寶貴的美德，是一切道德之母，這就是謙遜；有了這種美德我們會其樂無窮。—— 加爾多斯

一個驕傲的人，結果總是在驕傲裡毀滅了自己。—— 莎士比亞

切莫輕信過度謙虛的人，尤其對方擺出諷刺他自己的態度時，更不能驟然相信。因為這種謙虛的背後，八成隱藏了強烈的虛榮心和功名心。—— 伏爾泰

成功的第一個條件是真正的虛心，對自己的一切敝帚自珍的成見，只要看出同真理衝突，都願意放棄。—— 史賓賽

謙遜可以使一個戰士更美麗。—— 尼古拉·奧斯特洛夫斯基

自負對人和藝術是一種毀滅。驕傲是可怕的不幸。—— 季米特洛夫

◆ 驕傲

無論在什麼時候，永遠不要以為自己已知道了一切。—— 巴夫洛夫

驕傲的人喜歡見依附他的人或諂媚他的人，而厭惡見高尚的人。—— 斯賓諾莎

忘了自己的缺點，就產生驕傲自滿。—— 德謨克利特

天下最悲哀的人莫過於本身沒有足以炫耀的優點，卻又將其可憐的自卑感，以令人生厭的自大、自誇來掩飾。—— 卡內基

我們各種習氣中再沒有一種像克服驕傲那麼難的了。雖極力藏匿它，克服它，消滅它，但無論如何，它在不知不覺之間，仍舊顯露。——富蘭克林

驕傲使人們譴責那些我們認為自己已免除了的缺點，同時，使我們蔑視那些我們自己沒有具備的好品格。—— 貝弗里奇

自以為是乃是我們天生而原始的弊病。—— 蒙田

啊！誇獎的話，出於自己口中，那是多麼乏味！—— 孟德斯鳩

當你快意於虛驕的時候，你就會喪失了思考的真正樂趣。—— 屠格涅夫

最大的驕傲與最大的自卑都表示心靈的最軟弱無力。—— 斯賓諾莎

不謙虛的話只能有這個辯解，即缺少謙虛就是缺少見識。—— 富蘭克林

偉大的人是絕不會濫用他們的優點的，他們看出他們超過別人的地方，並且意識到這一點，然而絕不會因此就不謙虛。他們的過人之處愈多，他們愈認識到他們的不足。—— 盧梭

驕傲的人必然嫉妒，他對於那最以德性受人稱讚的人便最懷嫉恨。—— 斯賓諾莎

卑鄙和高傲的動機只會滿足愚人、武夫、人類的侵略者和掠奪者的貪欲，人們應當放棄這種動機，不要讓這些誘人的飲料再麻醉那些自命不凡之徒！—— 聖西門

不管我們的成績有多麼大，我們仍然應該清醒地估計敵人的力量，提高警惕，絕不容許在自己的隊伍中有驕傲自大、安危自得和疏忽大意的情緒。—— 史達林

絕不要陷於驕傲。因為一驕傲，你們就會在應該同意的場合固執起來；因為一驕傲，你們就會拒絕別人的忠告和友誼的幫助；因為一驕傲，你們就會喪失客觀標準。—— 巴夫洛夫

◆ 虛偽

一切虛偽都像花朵，很容易枯萎落地。虛偽是長久不了的。—— 西塞羅

人和天使都不善於識別偽善，這是唯一無形的罪惡，只有上帝知道。—— 彌爾頓

虛偽不可能創造任何東西，因為虛偽本身什麼也不是。—— 格拉寧

虛偽永遠不能憑藉它生長在權力中而變成真實。—— 泰戈爾

虛榮促使我們裝扮成不是我們本來的面目以贏得別人的讚許，虛偽卻鼓動我們把我們的罪惡用美德的外表掩蓋起來，企圖避免別人的責備。—— 菲爾丁

可能有虛偽的謙虛，但絕不會有虛偽的驕傲。—— 凡爾納

一個對朋友和領導虛偽的人絕不可能對公眾真誠。—— 貝克萊

哪一件卑鄙邪惡的陳訴不可以用娓娓動聽的言詞掩飾它的罪狀？—— 莎士比亞

迷信者的見解模糊不清，偽君子則是一副假心腸。—— 狄德羅

偽善正如假幣，也許可以購取貨物，但也貶低了事物真正的價值。—— 培根

在所有類型的卑鄙中，偽善最為人們憎恨。—— 吉辛

虛假的言詞不僅是本人的罪過，而且還用有害的病菌感染了他人的靈魂。—— 柏拉圖

凡是與虛偽相矛盾的東西都是極其重要而且有價值的。—— 高爾基

◆ 虛榮

只有抗拒誘惑，你才有更多的機會做出高尚的行為來。—— 車爾尼雪夫斯基

自誇的人的虛榮的性格顯示他的隱祕的惡。—— 伊索

有虛榮心的人是沒有虛榮心的人的奴隸，因為他們力圖博得後者的讚賞，這一點是毫無疑問的。—— 凱勒

人總是喜歡在別人面前表現自己，自己原來是一無所有，反而要處處裝出有的樣子。—— 巴爾札克

當我們膽敢作惡，來滿足卑下的希冀，我們就迷失了本性，不再是我們自己。—— 莎士比亞

好炫耀的人是明哲之士所輕視的，愚蠢之人所豔羨的，諂佞之徒所奉承的，同時他們也是自己人所誇耀的言語的奴隸。—— 培根

人不可為了榮華與虛名給自己招來危險。—— 伊索

虛榮心很難說是一種惡行，然而一切惡行都圍繞著虛榮心而生，都不過是滿足虛榮心的手段。—— 柏格森

很多人足夠聰明，有滿肚子的學問，可是也有滿腦子的虛榮心，為著讓眼光短淺的俗人讚賞他們是才子，他們簡直不知羞恥，對他們來說，世間沒有什麼東西是神聖的。—— 歌德

虛榮是一件無聊的騙人的東西；得到它的人，未必有什麼功德，失去它的人也未必有什麼過失。—— 莎士比亞

我不盼望我的墓碑上飾著詩人的桂冠，卻只要戰士、寶劍和盔帽。—— 海涅

永遠不要企圖掩飾自己知識上的缺陷，即便用最大膽的推測和假設去掩飾，這也是要不得的。不論這種肥皂泡的色彩多麼使你炫目，但肥皂泡必然是要破裂的，於是你們除了慚愧以外，是會毫無所得的。—— 巴夫洛夫

有些祝賀者叫我是「偉大的」。我相信這句話是誠懇的，但應該說，這是多餘的辭令。我完全是個身材平常的人，我並不感到我的軀體裡有什麼偉大的地方。我也許可以承認我是一個不壞的工作者，因為我熱愛自己的工作和任何一種勞動。—— 高爾基

虛榮心可以有許多不同的表現形式。人家常說我沒有虛榮心，但這也是一種虛榮，一種特殊的虛榮心呢！你看，我不是感到一種特殊的自負嗎？真像小孩子一樣幼稚呢！—— 愛因斯坦

我不能說我不珍重這些榮譽，並且我承認它很有價值，不過我卻從來不曾為追求這些榮譽而工作。—— 法拉第

◆ 嫉妒

嫉妒的人常自尋煩惱，這是他自己的敵人。—— 德謨克利特

卑劣的人比不上別人的品德，便會對人竭力誹謗。嫉妒的小人背後誹謗別人的優點，來到那人面前，又

會啞口無言。── 薩迪

在難免產生妒忌的地方，必須用它去刺激自己的努力而不阻撓對方的努力。── 羅素

事修而謗興，德高而毀來。── 韓愈

怨恨有時還會喘息，妒忌卻絕不會。── 哈利法克斯

嫉妒被真正的友誼驅除，調情因真正的愛情消失。── 拉羅什富科

妒忌者給別人帶來的是煩惱，給他自己帶來的卻是痛苦。── 佩恩

有才能往往比沒有才能更有危險；人們不可能避免遭到輕蔑，卻更難不變成嫉妒的物件。── 拿破崙

從愛情產生的嫉妒，並不隨著愛情的消滅而消滅。── 德萊塞

嫉妒心是榮譽的害蟲，要想消滅嫉妒心，最好的方法是表明自己目的是在求事功而不求名聲。── 培根

因為浮躁與虛榮而想在過多的事業中出人頭地的人總是嫉妒心盛的。── 培根

嫉妒是一種恨，此種恨使人對他人的幸福感到痛苦，對他人的災殃感到快樂。── 斯賓諾莎

嫉妒，一種迫害的傾向，而且通常包括著瘋狂在內。── 羅素

嫉妒是一種可恥的感情，人是應當信賴的。── 托爾斯泰

妒忌只有在虛榮心已把功績之名利攫為己有的地方才存在和可能存在。── 摩萊里

失寵和妒嫉曾經使天神墮落。── 海涅

有嫉妒心的人，自己不能完成偉大事業，便儘量去低估他人的偉大，貶抑他人的偉大性使之與他本人相齊。── 黑格爾

那些把嫉妒和邪惡作為營養的人，見了最好的人也敢去咬一口的。── 莎士比亞

嫉妒 ── 實在是不可饒恕的激情；不僅如此，它甚至是 ── 不幸！── 杜斯妥夫耶夫斯基

◆ 儉樸

節約是避免不必要開支的科學，是合理安排我們財富的藝術。── 塞內加

節儉是一門藝術，它能使人最大程度地享用生活。熱愛節儉是一切美德的根本。—— 蕭伯納

知道什麼時候該花錢，什麼時候該節約，你就不必整天忙忙碌碌，也就永遠不會變成窮光蛋。—— 富勒

奢侈的必然後果 —— 風化的解體 —— 反過來又引起了趣味的腐化。—— 盧梭

讓自己完全受財富支配的人是永不能合乎公正的。—— 德謨克利特

誰在平日節衣縮食，在窮困時就容易渡過難關；誰在富足時豪華奢侈，在窮困時就會死於飢寒。—— 薩迪

艱苦的生活比舒適的生活往往會更使人養成良好的品格。—— 費定

舒適的享受一旦成為習慣，便使人幾乎完全感覺不到樂趣，而變成了人的真正的需要。於是，得不到這些享受時的痛苦比得到這些享受時的快樂要大得多，而且有了這些享受不見得幸福，失掉了這些享受卻真感到苦惱了。—— 盧梭

簡單淳樸的生活，無論在身體上，還是在精神上，對每個人都是有益的。—— 愛因斯坦

我強烈地嚮往著儉樸的生活，並且常為發覺自己占有了同胞的過多勞動而難以忍受。—— 愛因斯坦

請愛勞動，即使不是靠它吃飯，也可為了身體的緣故而愛它，它可以增進身心健康，免除怠惰之果。—— 潘恩

要注意小額費用，一艘大船的沉沒，有時是由微小的裂口造成的。—— 富蘭克林

對於浪漫的人，金錢是圓的，可是對於節儉的人，金錢是扁平的，是可以一塊塊堆積起來的。—— 巴爾札克

貧困猶如熔爐，偉大才智都會在其中煉得純淨和永不會腐蝕，正如鑽石那樣，能經受千錘百煉而不會粉碎。—— 巴爾札克

清貧，不但是思想的導師，也是風格的導師，使他精神和肉體都知道什麼叫淡漠。—— 羅曼·羅蘭

除了勤勉工作以外，我別無其他成功的祕訣。—— 泰德·透納

第四篇　事業篇

◆ 天才

人的天賦就像火花，它既可以熄滅，也可以燃燒起來。而逼使它燃燒成熊熊大火的方法只有一個，就是勞動，再勞動。—— 高爾基

一個人具有天才的性格，絕不會遵循常人的思想途徑。—— 司湯達

天才，就是別人認為毫無價值的不毛之地，你卻能挖掘出黃金和甘泉來！—— 哥倫布

天才是百分之一的靈感加百分之九十九的勤奮。—— 愛迪生

相信自己的思想，相信對自己是真實的事物，用自己的心相信萬人的真實 —— 這就是天才。—— 愛默生

才能富於思想，而天才就是思想本身；才能的力量有限，天才的力量無窮。—— 惠普爾

你知道天才是什麼意思？那就是勇敢，自由的頭腦，廣闊的氣魄…… —— 契訶夫

真正的天才不可能被安置在一條軌道上描摹，那個軌道應在所有批判評價之外。—— 海涅

即使是最偉大的天才，如果朝朝暮暮躺在青草地上讓微風吹拂，眼望著天空，溫柔的靈感也不會光顧他的。—— 黑格爾

天才形成於平靜中，性格來自生活的激流。—— 歌德

天才在於能解決每一天生活中出現的各種難題，而每一個人處理這些難題的能力都是不可以提高的。—— 愛德華·波諾

真正的天才為後代所繪畫的草案，雖然常常不如他們所應得到的那麼快受到尊敬，最終亦一定會加上複利支付。—— 彌爾頓

能將他人感覺困難的事輕易地移開的，是人才；完成別人以為不可能完成的事的，是天才。—— 西德尼

傲立的天才對於輕車熟路不屑一顧，他們憧憬追尋的是迄今從未開墾的土地。—— 亞伯拉罕·林肯

困難時，「才能」想到的是如何解開疙瘩；「天才」則考慮怎樣快刀斬亂麻。—— 惠普爾

精神的浩翰，想像的活躍，心靈的勤奮就是天才。—— 狄德羅

苦學而沒有豐富的天才，有天才而沒有訓練，都歸無用；兩者應該相互為用，相互結合。——賀拉斯

偉大人物的天才是和有教養的群眾的智力不足相輔相成的。——恩格斯

天才免不了有障礙，因為障礙會創造天才。——羅曼·羅蘭

天才與美女，都注定要放出燦爛的光芒，引人注目，惹人妒羨，招人譭謗的。——巴爾札克

天才永遠在人民中間，就像火藏在燧石裡一樣，只要具備了條件，這種死的石頭就能夠發出火來。——司湯達

天才形成於平靜中，性格來自生活的激流。——歌德

世界隨時準備敞開懷抱接納人才，但它卻時常不知道該怎樣對待天才。——霍姆斯

瓜是生在純粹的肥料裡的最甜，天才是長在惡性土壤中的最好。——培根

天才的作用不是做出新的回答，而是提出時間和方式能夠解決新的問題。——特雷弗

天才人物在社會中往往是遲鈍而呆滯的，就像耀眼的彗星一旦降落到地面，就成了普通的石頭。——朗費羅

他有著天才的火花！你知道這是什麼意思？那就是勇敢、開闊的思想，遠大的眼光。——契訶夫

你可從一種現象看出有一個天才在這個世界上出現，那就是一些蠢才們都聯合起來反對他。——史威夫特

天才的主要標記不是完美而是創造，天才能開創新的局面。——亞瑟·柯斯勒

如果天才不能充當自己的先知，就得從另一個心靈那裡接受真理。——愛默生

有創意的天才，就有探尋的天才；有著書的天才，就有閱讀的天才。——瓦雷利

天才是一種光亮，它能照明黑暗，猶如電光的閃動，它說不定會粉碎知識的殿堂。——梭羅

如果沒有機遇，沒有勤奮，沒有熱情的提攜者，人就是再有天才，也只能默默無聞。——小普林尼

天才就是創造前無古人的業績──第一個做正確事情的才能。 ── 阿爾伯特·哈伯德

一切真正的天才，都能夠蔑視譭謗；他們天生的特長，使批評家不能信口開河。害怕大雨的，只不過是假花而已。 ── 克雷洛夫

唯有從默默無聞的人群中脫穎而出的天才，才是能更新國民的活力和精神的天才。 ── 湯瑪斯·威爾遜

橫溢的天才有如沃土，如果不加耕耘，則只能產生荒草，而不產葡萄或橄欖供人享用。 ── 李卜克內西

脆弱的天才總是誇大個人的名望，真正的天才常常對自己的榮譽持懷疑的態度。 ── 尤·邦達列夫

啟發自己的智慧，「勤奮」二字是最緊要的。人的天資是有差別的，但勤奮比天資重得多。 ── 茅以升

人的天賦就像火花，它既可以熄滅，也可以燃燒起來。而逼它使它燃燒成熊熊大火的方法只有一個，就是勞動，再勞動。 ── 高爾基

我像一條水牛一樣地工作著。由清晨忙到深夜，直到用完最後一點力量，然後就安穩地睡著了，深知，

這一天並未白過。 ── 尼古拉·奧斯特洛夫斯基

如我們所知，天才很少和發達的理智同時存在。相反，天才人物常常為強烈的激動和無理性的熱情所影響。 ── 叔本華

天才是像隕石一樣，注定了要燃燒自己來照亮他的時代。 ── 拿破崙

◆ 才能

才能一旦讓懶惰支配，它就一無可為。 ── 克雷洛夫

一個人不論賦有什麼樣的才能，他如果不知道自己有這種才能，並且不形成適合於自己才能的計畫，那種才能對他便完全無用。 ── 休謨

一個人應該善於使用自己的才能，使它不至於涸竭，並且還要和諧地發展。 ── 高爾基

才能之力既約束在小範圍之內便無力擴張。才能猶凹鏡，接受了陽光並將這數量的陽光以更大的擴散度反射出去。 ── 達文西

個人只有在社會上占有為此所需的地位時，才能夠表現出自己的才能。 ── 普列漢諾夫才智比美貌更不可缺。

我認為有才的年輕女子沒有一個是醜的，無才的窈窕女子沒有一個是美的。—— 威徹利

能夠隱藏自己的才能是一種很大的才能。—— 羅休夫柯

人的聰明才智不在於經驗的多少，而在於應用經驗的能力的強弱。—— 蕭伯納

才能從對於工作的熱情中成長起來的。……所謂才能，本質上不過是對於工作，對於工作過程的一種「愛」而已。—— 高爾基

才能是來自獨創性。獨創性是思維、觀察、理解和判斷的一種獨特的方式。—— 莫泊桑

才智能明察不同事物中的相似之處和相似事物中的不同之處。—— 司湯達

一個人，只有在實踐中運用能力，才能知道自己的能力。—— 小塞內卡

人類中的每一種人才，同每一種樹一樣，都有它自己完全特殊的性質和果實。—— 拉羅什富科

一個人不可能知道一切，正像一個人雙手的技巧和力氣不能充分產生他所需要的一切一樣，一個人的腦力也不足以知道必要的一切。—— 狄慈根

一切才能都要靠知識來營養，這樣才會有施展才能的力量。—— 歌德

才能不是天生的，可以任其自然的，而是要鑽研藝術。請教良師，才會成才。—— 歌德

◆ 事業

一切偉大的事業，或者是說一切大事，都是由小事組成的。—— 高爾基

做一番轟轟烈烈的事業，必須具備清醒的頭腦和熱忱。—— 大仲馬

要是想認真完成一項必要的事業，為人既要靈活，又要有一副鐵石心腸。—— 泰戈爾

「借給我十萬，我將能馬上發財！」對這種人我絕不相信……創業是非得從一戈比開始不可的。—— 果戈里

我們永遠不要拋棄一個事業。如果它要二十年，三十年，甚至一生或好幾代的功夫，我們也獻給它，一點也不吝嗇。—— 左拉

人的靈魂表現在他的事業上。—— 易卜生

聰明寓於事業之中，此外再沒有什麼別的聰明瞭。—— 高爾基

人的思想是了不起的，只要專注於某一項事業，那就一定會做出使自己感到吃驚的成績來。—— 馬克·吐溫

抱著一顆正直的心，專心致志於事業的人，他一定會完成許多事業。—— 赫爾岑

只有清白無辜的人才會有真正的勇氣；只有投身到真誠的事業中去的人才會有堅定的信念。—— 托·薩瑟恩

果子的事業是尊貴的，花的事業是甜蜜的，但是，讓我們做葉的事業吧，葉是謙遜地、專注地垂著綠陰。—— 泰戈爾

哪個偉大的事業，當它開始的時候，不是走極端呢？偉大的事業成功之後，在一般人的眼裡，才像是可能的事。—— 司湯達

人必須有一個無法放棄、無法擱下的事業，才能變得無比的堅強。—— 車爾尼雪夫斯基

一個不斷改變自己的任務，去追逐新想到的高明設想的人，往往是一事無成。—— 貝弗里奇

事業是欄桿，我們扶著它在深淵的邊沿上行走。—— 高爾基

給別人自由和維護的自由，兩者同樣是崇高的事業。—— 林肯

推動你的事業，不要讓你的事業推動你。—— 富蘭克林

手藝匠可以成為極為偉大的藝術家，如果他把感情貫注到事業上去。—— 加里寧

在年輕人的頸項上，再也沒有什麼比事業心這顆燦爛的珠寶更迷人的了。—— 愛默生

偉大的事業根源於堅忍不拔的工作，以全副的精神去從事，不避艱苦。—— 羅素

事業應該笑著、樂著辦起來。事業可不喜歡沉悶。—— 高爾基

應當以事業而不應以壽數來衡量人的一生。—— 塞內卡

偉大的事業，需要決心、能力、組織和責任感。—— 易卜生

人創造事業，並以事業而光榮。—— 高爾基

一個人只有以他全部的力量和精力致力於某一事業時，才能成為一個

真正的大師。 —— 愛因斯坦

我寧願靠我們的力量，找出我的前途，而不願求有利者的垂青，青雲得志。道路是很多的，如果我用阿諛逢迎的辦法換取有利者的提拔，我早就得志了。但是這不是我的道路。 —— 雨果

絕不要為了別人的喜愛，去選擇適合別人的工作或生活目標。否則，將是你失敗和不幸的開始。 —— 馬克斯威爾·馬爾茲

◆ 勞動

我只相信一條：靈感是勞動的時候產生的。 —— 尼古拉·奧斯特洛夫斯基

勞動是人類存在的基礎和手段，是一個人在體格、智慧和道德上臻於完善的源泉。 —— 烏申斯基

請愛勞動，即使不是靠它吃飯，也可為身體的緣故而愛它，它可以增進身心健康，免除怠惰之果。 —— 潘恩

勞動是多麼令人欽佩的武器！到處是它的統禦之地，它帶來什麼樣的秩序！它是和平、快樂，正如它是健康的衛士一樣。 —— 左拉

勞動是產生一切力量、一切道德和一切幸福的威力無比的源泉。 —— 拉·喬萬尼奧里

一個人如若不勞動，如若沒有合法的、正常的財產，他就不能夠生存，他就要腐化墮落，變成獸類。 —— 杜斯妥也夫斯基

如果你能成功地選擇勞動，並把自己的全部精神灌注到它裡面去，那麼幸福本身就會找到你。 —— 烏申斯基

勞動創造一切，勞動者創造一切。歷史的口號就是這樣。 —— 門捷列夫

最有害的人就是那些沒事做的人。應該讓所有多餘的人都有事做，使他們不至於遊手好閒。一塊木頭朽了也可惜，用來燒火可以取暖。 —— 高爾基

整個人生就是思想和勞動，勞動雖然是默默無聞的，平凡的，卻是不能間斷的。 —— 易卜生

一個經常勞動的人是幸福的，他可以從中直接體驗到創造的喜悅和快樂。 —— 托爾斯泰

偉人只在事業上驚天動地，他時常不聲不響地深思熟慮。 —— 克雷洛夫

憂勞可以興國，逸豫可以亡身。——
歐陽修

人們在那裡高談闊論著天啟和靈感
之類的東西，而我卻像首飾匠打金
鎖鏈那樣精心地勞動著，把一個
個小環非常合適地聯接起來。——
海涅

勞動永遠是人類生活和文化的基
礎。——馬卡連柯

熱愛勞動吧。沒有一種力量能像勞
動，即集體、友愛、自由的勞動的
力量那樣使人成為偉大和聰明的
人。——高爾基

人的智力是按照人如何學會改變自
然界而發展的。——恩格斯

幸福存在於生活之中，而生活存在
於勞動之中。——托爾斯泰

勞動而得到的工錢，是對勤勉的
一種獎勵，勤勉就像人類的其他
資質，因獎勵而有成正比的進
步。——亞當·斯密

世間沒有一種具有真正價值的東
西，可以不經過艱苦辛勤的勞動而
能夠得到的。——愛迪生

我知道什麼是勞動：勞動是世界

上一切歡樂和一切美好事情的源
泉。——高爾基

只有勞動才能使人變得幸福，使他
的心靈變得開朗、和諧、心滿意
足。——別林斯基

沒有頑強的細心的勞動，即使有才
華的人也會變成鄉花枕頭似的無用
的頑物。——斯坦尼斯拉夫斯基

假如沒有勞動這個壓艙的貨物，任
何風暴都會把生活之船翻掉。——
司湯達

就經常困擾人類的所有疾病和悲劇
而言，勞動是最大的而又最理想的
治療法。——卡萊爾

只有經由勞動，思想才會變得健
全，而只有經由思想，勞動才顯得
快樂；此二者不能加以分割。——
拉斯金

科學不是可以不勞而獲的，誠然，
在科學上除了汗流滿面是沒有其它
獲致的方法的；熱情也罷，幻想也
罷，以整個身心去渴望也罷都不能
代替勞動。——赫爾岑

◆ 工作

人生最高的獎賞和最大的幸運產生於某種執著的追求，人們在追求中找到自己的工作與幸福。——愛默生

我的人生哲學是工作，我要揭示大自然的奧妙，為人類造福。——愛迪生

我願意在死亡之前徹底耗盡我的全部力量，因為我越是勤奮工作，我的生活就越有意義。我為生活本身而感到歡欣鼓舞。——蕭伯納

每一種工作都包含著無窮的樂趣，只是未能把它發現出來而已。——盧梭

有益的工作，其本身便是樂趣，並不是從那裡獲得利益才有樂趣的。——阿蘭

我生活的全部樂趣都來之工作，只有那些從來都不安於創造的人才認為工作是枯燥的。——盧梭

工作是使生活得到快樂的最好辦法。——康德

克服恐懼和煩惱的辦法，只有專心志致地去工作！——卡內基

你要準確掌握每一個問題的本質，把工作分段，並適當地分配時間。——富蘭克林

工作使你免於三大害：無聊、惡行和貧窮。——伏爾泰

工作是人類生活中不可缺少的條件，勞動是人類財富的真正源泉。——托爾斯泰

生活就是工作，勞動就是人的生活。——伏爾泰

我的座右銘是：第一忠誠，第二勤奮，第三專心工作。——卡內基

如果工作是一種樂趣，人生就是天堂！如果工作是一種義務，人生就是地獄！——歌德

一切真正的工作都是神聖的；只要是真正的兩手勞動，一切的工作都有幾分神聖性。——卡萊爾

人類是能勞動的動物。即使是小人物，只要想工作，便會湧現無限的力量！要相信，即使是小人物，只要有做的意志在，什麼都做得了的。——高爾基

工作本身應該是重要的，它本身就是一種享受。——奧修

我活著，就是因為我永遠希望著靠才能再做些工作。—— 尼古拉·奧斯特洛夫斯基

你能夠把工作看做是至高無上的；你做一件工作，就不會半途而廢；你無論做什麼事情，都能有個目的。—— 狄更斯

對於一個人來說，在這個世界上的首要問題，是要找到他應做的工作。—— 卡萊爾

一個有真正大才能的人能在工作過程中感到最高度的快樂。—— 歌德

人類的工作在於不擾亂自己的秩序，這與斧頭必須經常磨得光光的道理雷同。—— 托爾斯泰

要把做得不好的工作，更仔細、更謹慎、更有步驟地重新做起。—— 列寧

一貫不變的目標，所以能夠獲得具體實現，主要是由於工作的關係。—— 羅素

對於我們的工作來說，必須具備兩個條件：孜孜不倦的堅持力和準備永遠拋棄你已花費了相當多的時間和勞動所做的那項工作。—— 愛因斯坦

工作能使愚人轉化為聰明，聰明人轉化為智慧，智慧的人轉化為穩健。—— 奧斯勒

真正熱心地工作的人總是有希望的，只有懶惰才是永久的失望。—— 卡萊爾

人能為自己心愛的工作貢獻出全部力量、全部精力、全部知識，那麼這一工作將完成得更出色，收穫也更大。—— 弗·阿·奧布魯切夫

◆ 創造

生活的意義在於創造，而創造是獨立自在、沒有止境的！—— 高爾基

強有力的創造會嚇跑許多人，但卻迷住了更頑強有力的人。—— 勃蘭克斯

已經創造出來的東西比起有待創造的東西來說，是微不足道的。—— 雨果

唯有創造才是歡樂。唯有創造的生靈才是生靈。……人生所有的歡樂是創造的歡樂；愛情，天才，行動 —— 全是靠創造這一團烈火进射出來的。—— 羅曼·羅蘭

無可否認，創造力的運用、自由的創造活動，是人的真正的功能；人在創造中找到他的真正幸福，證明瞭這一點。—— 阿諾德

生命的第一個行動是創造的行動。—— 羅曼·羅蘭

具有創造性活動的意識是巨大的幸福，也是人活著的偉大證明。—— 阿諾德

創造力是一種智力肌長肉，願意並且知道如何鍛鍊它，你也能發揮出潛在的創造力。—— 邁克爾·萊博夫

一個健全而進步的社會不僅需要集中控制，而且也需要個人和集團的創造力。—— 羅素

如果人僅僅是動物，而不是奇蹟的創造者，那麼他也就不可能是自己內心深處和諧的創造者。—— 高爾基

誰也不是任何真正創造力的主宰，人人都應當讓真正的創造力去獨立發展。—— 歌德

◆ 創業

當你想到一個主意時，應當去尋覓實踐的理由，而不是去琢磨不做的藉口。—— 凱蒙·威爾遜

也許，人的生命是一場正在燃燒的「火災」，一個人所能做，也必須去做的就是竭盡全力要在這場「火災」中去搶救點什麼東西出來。—— 比爾蓋茲

許多人一事無成，就是因為他們低估了自己的能力，妄自菲薄，以至於縮小了自己的成就。—— 唐拉德·希爾頓

任何人只要做一點有用的事，總會有一點報酬。這種報酬是經驗，這是世界上最有價值的東西，也是人家搶不去的東西。—— 亨利·福特

宏偉的事業，只能靠實實在在的微不足道的一步步的積累，才能獲得成功。—— 稻盛和夫

◆ 工商

沒有一個國家是因為開展貿易而滅亡的。—— 富蘭克林·羅斯福

世間雖有百業，皆以耕植為本；縱然千辛萬苦，終以農業為重。—— 瓦魯瓦爾

綜觀世界經濟史可以發現，人類生產活動有三個階段。在初級生產階段上，生產活動主要以農業畜牧業

為主……第二階段是以工業生產大規模發展為標誌的……第三階段開始於 20 世紀初。大量勞動和資本不是繼續流入初級生產和第二級生產中，而是流入旅遊、娛樂服務、文化藝術、保健、教育和科學、政府等活動中。—— 費希爾

其他各業都是隨著農業的興起而興起的，因此，農民是人類文明的奠基人。—— 韋伯斯特

人世之所以蓬勃向前發展，這是人們分工活動的結果。人類分工分為士農工商等四種職別，各司其事，盡其所能，群策群力，促使人世前進。——《一千零一夜》

讓我們永遠不要忘記，種田是人類重要的勞動。—— 韋伯斯特

第一個農夫也即人類的祖先，歷史上一切高尚的精神與行為都取決於對土地的占有和使用。—— 愛默生

農夫的生活永遠是幸福的，永遠是田園詩般的美妙。—— 史密斯

貿易最能促進文明的發展。人們在交換商品的同時也交換了思想。—— 英格索爾

英國的物質生存建築在工商業之上，英國人擔任了偉大的使命，在全世界中作文明的傳播者。—— 黑格爾

小農的問題也是國家的根本問題。—— 蒙森

上帝正在把商業變成傳教士。—— 庫克

農夫的光榮在於，他們創造了勞動分工。最終，各行各業都採用了這一原始發明。—— 愛默生

如果說工業是主腦，那麼，農業就是工業發展的基礎。—— 史達林

商業財富在經濟制度中只是次要的，首先必須增強提供生活資料的領土的（即土地的）財富。—— 西斯蒙第

只有一塊耕耘過的土地才是貴重美好的東西。—— 漢姆生

一般來說，經濟進步的主要動態，是第二、第三產業或這兩種產業的人均收入的增加，第一產業的勞動力外流。—— 克拉克

在民主社會中我不知道有什麼其他東西能比商業更偉大、更輝煌的事

情了，它吸引了大眾的注意，豐富了眾人的想像，把所有的旺盛精力都吸引過來。無論是誰，無論是任何偏見，都不能阻止人們通過從事商業而致富。—— 托克維爾

貿易的自然結果就是和平。—— 孟德斯鳩

農業生產是財富的真正源泉，在國民經濟中占據支配地位，決定著其他行業的經濟狀況。—— 布阿吉爾貝爾

一切利益的本源，實際是農業。—— 魁奈

耕種者的繁榮昌盛是一切其他等級的財富的必要基礎。—— 布阿吉爾貝爾

土地所有者從自己的土地取得的盈利或收入，是國家真正的財富，是國君的財富，是國民的財富，是為國家的需要服務的財富。—— 魁奈

君主和人民絕不能忘記土地是財富的唯一源泉，只有農業能夠增加財富。—— 魁奈

農業國的管理秩序能使所有私人的利益都集中在一個主要目的上，就是必須使作為國家和所有人民的一切財富的源泉的農業繁榮起來…… —— 魁奈

貿易猶如血液，應該迴圈流通。—— 德萊頓

只結一穗玉米、只長一片青葉的土地上種出兩穗玉米、兩片青葉，誰就是人類中的佼佼者，他對國家的貢獻就比所有政治家加在一起的貢獻還要大。—— 史威夫特

農民的生命由大地的慷慨所餵養，蒼天裡的微風所滋補。—— 傑羅爾德

商業是農業的產兒，它必須贍養其辛勤耕作而收入菲薄的父母。—— 布萊克

不純粹性是一切偉大事物的天性。偉大的商業總是與一些弊端相伴隨而出現的。—— 伯克

產品被分成兩類：物質的和非物質的，或者用不同的字眼來表達的同樣區別是商品和服務。—— 西尼爾

商業能夠治療破壞性的偏見。因此，哪裡有善良的風俗，哪裡就有商業。哪裡有商業，哪裡就有善良的風俗。這幾乎是一條普遍的規律。—— 孟德斯鳩

世上各行各業中最值得尊重的是農業。——盧梭

在獲得財產的所有方法中，再沒有比農業更加優良，更加豐富，更加愉快，更加適合於人，特別是自由人的方法了。——魁奈

商業是公共財富的泉源，而不僅僅是某幾家豪門致富的泉源。——羅伯斯庇爾

一切有利於農業的事，也有利於國家和國民。——魁奈

互相交易……其宗旨則無非為彼此之利益。——柏拉圖

農業是其他技藝的母親和保姆。——色諾芬

在所有能確保收益的行業中，沒有哪一行能比得上農業。沒有什麼東西比農業的經濟價值更大，沒有哪個行業的人比農夫更能稱得起是幸福的自由人。——西塞羅

能建立這種同等實力的，似乎就是相互傳授知識及改良技術了，但這種結果，自然會，或不如說必然會，伴隨著世界各國廣泛的商業而來臨。——亞當·斯密

製造業的收益比農民多得多，而商業的收益又比製造業多得多。——威廉·佩第

國家的強盛，人民的幸福，都被認為是與商業不可分割地聯繫在一起的，不管它在某些方面是非常具有獨特性的。——休謨

不論是誰，如果他要與旁人做買賣，他首先就要這樣提議：請給我們以我所要的東西吧，同時，你也可以獲得你所要的東西。這句話是交易的通義。——亞當·斯密

商業的不發達只能導致國庫財源的枯竭。——法蘭西斯·培根

◆ 競爭

勞動的分工和技藝的進步，又不斷使人能夠做出更多的事情，於是每個人在進行自己已經滿足消費量的再生產時，就要設法尋求新的享受和新的希望。——西斯蒙第

競爭制度是一架精巧的機器，透過一系列的價格和市場，發生無意識的協調作用。——薩繆爾森

凡是能在技術上或科學上帶來最重大的進步的人，恰好正是以市場為

重點創新者。——杜拉克

在生存競爭中有這種傾向，就是強者和強者的後裔會生存下去，而弱者和弱者的後裔會被打垮，生存不下去。結果，強者和強者的後裔生存了下去，於是，只消競爭存在一天，強者就一代代地愈來愈強。這就是進化的發展過程。——傑克·倫敦

如果一家廠商在計算成本和收益時漫不經心，那麼，達爾文式的適者生存的規律很可能把它消除出經濟舞臺。——薩繆爾森

每一個人必須競爭，試試運氣，他要麼遊過河去，要麼淹死在河中。——弗羅姆

正如原始森林具有它自己的弱肉強食的規律一樣，競爭的市場也有它殘忍的方面。——薩繆爾森

只有在競爭中充分發揮需求與供給的作用，才能形成與勞動價值論相一致，而且也是勞動價值論的一個組成部分。——斯威齊

沒有一個市場是孤立的島嶼。——薩繆爾森

現代經濟生活的命脈是交換。——薩繆爾森

貿易通常不外是用一種勞動交換別種勞動，因而如我在以前已說過，一切物品的價值由勞動來測度是最公正的。——富蘭克林·羅斯福

大自然待人，如同待動物一樣：弱者毀滅，留下來的只有強者。——巴爾札克

沒有什麼比這一格言得到過更好的證實：只有使他人所得有充足，人才能成功地使自己所得有剩餘。——巴貝夫

每個商品的價值都是由物化在它的使用價值中的勞動量決定的，是由生產商品的社會必要勞動時間決定的。——馬克思

商品的價值與生產這些商品所耗費的勞動時間成正比，而與所耗費的勞動的生產力成反比。——馬克思

社會分工則使獨立的商業生產者互相對立，他們不承認任何別的權威，只承認競爭的權威。——馬克思

只有透過競爭的波動從而透過商品價格的波動，商品生產的價值規律才能得到貫徹，社會必要勞動時間

決定商品價值這一點才能成為現實。——恩格斯

透過產品的跌價和漲價才親眼看到社會需要什麼、需要多少和不需要什麼。——恩格斯

要知道每一個經濟部門個別地、安靜地獨自存在的時代早已過去了，現在它們全都互相依賴，既依賴最遙遠的國家的進步，也依賴緊鄰的國家的進步以及變動著的世界市場的行情。——恩格斯

數匹馬拉一輛車比單匹馬跑得快，這不是因為它們的合力更容易將空氣衝破，而是因為互相競爭點燃和激發了它們的勇氣。——普魯塔克

競爭對人是有益的。——赫西奧德

分工一經完全確立，一個人自己勞動的生產物便只能滿足自己欲望的極小部分。他的絕大部分欲望，須用自己消費不了的剩餘勞動生產物，去交換自己所需的別人勞動生產物的剩餘部分來滿足。這樣，一切人都要依賴交換而生活，或者說，在一定程度上，一切人都成為商人，而社會本身，嚴格地說，也成為商業社會。——亞當·斯密

分工是發展勞動生產力的最主要的因素。——亞當·斯密

不管是何種貿易或何種分工，只要有益於公共社會，那麼競爭越自由、越普遍，則它對社會的益處就越大。——亞當·斯密

所有的人都會以物易物，而其他動物是不會這樣做的。——亞當·斯密

良好經營，只靠自由和普遍的競爭，才得到普遍的確立。自由和普遍的競爭，勢必驅使各個人，為了自衛而採用良好的經營方法。——亞當·斯密

一個生意人不想到破產，好比一個將軍永遠不預備吃敗仗，只算得上半個商人。——巴爾札克

我們和那些與我們有相同奮鬥目標的人競爭，如在賽場或情場上和對手競爭。——亞里斯多德

各種不同的物品如要進行交換，就必須有某種可比性。為了使這些物品具有可比性，人們採用了貨幣。在某種意義上，貨幣成為各種物品交換的仲介，因為它衡量著各種物品的價值。——亞里斯多德

沒有交換就沒有社會，沒有相等就不能交換。—— 亞里斯多德

生存鬥爭使那些比較不能使自己適應於他們生存環境的人趨於滅亡。—— 赫胥黎

由於競爭者在財富、名譽或其他好事方面取得成功而感到憂愁，同時又奮力自強以圖與對方相匹或超過對方，就謂之競賽；但如果同時力圖排擠和妨礙對方，則謂之嫉妒。—— 霍布斯

人人應當有公開競爭的機會。—— 達爾文

高尚的競爭是一切卓越才能的源泉。—— 休謨

勞動是一切商品交換價值的真實尺度。—— 亞當·斯密

◆ 經營

我只有一套經營哲學，就是薄利多銷、服務親切，並且幾十年如一日地堅持這個原則。—— 山姆·沃爾頓

千萬不要裝模作樣地增加複雜，所謂經營組織，乃是越單純，效率越高的。—— 約翰·柯納利

商人沒有國籍。—— 湯瑪斯·傑弗遜

企業文化指的是處在這個文化中的每個人都知道生活要靠自己努力。—— 彼得·摩根

企業最大的危機不在於外部環境與因素，而在於企業自身不能識別危機並採取行動，在於管理不善。—— 諾曼·奧古斯丁

企業的發展重心應該是注重內部的創新，在這一過程中，需要做好「新」、「老」業務的相互分離。—— 霍華·舒茲

領導管得少，才能管得好。—— 傑克·威爾許

我們都是自我歷史的囚徒，我們很難超出習慣的方法來考慮問題。但習慣並不能解決問題，也不會改變什麼。—— 查理斯·漢迪

不懷疑和信任是公司真正的成功之源。—— 道格拉斯·麥格雷戈

偉大的公司能夠認真地對待所有的股東。它們重視顧客、員工和股東的利益。說顧客是國王與股東是國王一樣毫無意義。只有偉大的管理者才能明白這個遊戲的複雜性。—— 艾德佳·沙因

企業經營越來越像「潮頭弄浪」。作為經理人，你必須每天都對經營環境進行掃描，捕捉預示重大變化的蛛絲馬跡。—— 馬歇爾・戈德史密斯

這個世界要摧毀每一個人，之後，許多人在廢墟中日益堅強起來。—— 海明威

對世界經濟而言，完善的公司治理和健全的國家治理一樣重要。—— 詹姆士・伍芬桑

正確的判斷是經驗的結果，而經驗是錯誤判斷的結果。—— 沃爾特・瑞斯頓

一些 CEO 聲稱，世界變得太快，他們的公司難以有長期策略。但我說，策略比以往更重要。—— 麥可・波特

如果我們每個人都僱擁比自己矮小的人，那我們的公司將變成侏儒的公司。但是，如果我們每個人都僱傭比自己高大的人，那我們的公司將變成巨大的公司。—— 大衛・奧格威

正確的策略從樹立正確的目標開始。唯一能支撐一個明智策略目標的是出色的盈利能力。—— 約翰・奈斯比特

我特別重視細節的重要性。如果你希望把生意做好，就必須把生意的每一個基本方面都做得完美無缺才行。—— 雷・克羅克

對經理人來說，管理成長和管理衰退是完全不同的挑戰。當成長的風光不再時，制定有節制的決策就變得非常重要。—— 安迪・葛洛夫

經理人不能靠命令讓人做事。相反，依賴影響、理解和一套微妙的技巧是學會與人工作的最佳方法之一。—— 查理斯・漢迪

◆ 領導

領導者的責任在於不發出那些人們將不予理睬的指令。發出那樣的指令只能有損失於他的權威。—— 帕金森

一件功勞要是默默無聞，可以打消以後再做一千件的興致；褒獎便是我們的酬報。—— 莎士比亞

當人們自以為領頭的時候，正是被人牽著走得最歡樂的時候。—— 拜倫

企業面臨的困難不會只有一個，做領導的有責任全力以赴地解決困

難，絕不允許留下半點隱患。——
帕金森

一位有資格的管理者總是能夠一一
明確外界的各種限制因素，並對此
採取相應的管理方法和技術，從
而對一個社會的經濟發展大顯身
手。——卡斯特

管理者是一位僕人，他的主人就是
他所管理的機構，所以他的第一責
任必須是為機構擔負的。他的第一
任務就是使機構完成職責並為機構
的存在做出貢獻。——杜拉克

管理者不承擔創造知識的任務，他
的任務是有效地運用知識。——卡
斯特

我寧願成為這裡的首領，也不去羅
馬坐第二把交椅。——凱薩

經理無須在各方面都是專家，但他
必須能夠理解專家們的意見，必須
知道哪些事情是專家們可能做到
的，哪些事情是他們做不了的。總
之，他必須有能力管理他們。——
福爾克

由機智和經驗合成的掌握尺度的
能力是一個管理者的主要才能之
一。——法約爾

管理者要能容忍不測，需具備競爭
性格，他們要不斷地審時度勢，不
斷地找準問題，抓住機會。——卡
斯特

管理者是診斷醫生，他講求實際，
重視成效，他同時又是藝術家。——
卡斯特

管理人員的根本，不是地位，而是
責任心。——杜拉克

◆ 資本

由股份公司經營的資本主義生產
已經不再是私人生產了，而是為
許多相結合在一起的人謀利的生
產。——恩格斯

公正地說，貨幣不是商業的一個主
體，它僅僅是人們為了使商品交換
便利起見而彼此同意採用的一種工
具。它不是交易的輪子，而是使這
輪子運動得更平滑更方便的潤滑
油。——休謨

資本因節約而增加，因消費與失策
而減少。——亞當·斯密

貨幣是物品的標誌和代表，物品也
是貨幣的標誌和代表。——孟德斯鳩

貨幣顯示出我們的力量。—— 薩特

人們扮演的經濟角色不過是經濟關係的人格化。—— 馬克思

經濟學是研究人們如何分配他們有限的資源來滿足人們的需要的科學。—— 威廉·哈維

醫療「藝術」的目的是健康，造船「藝術」的目的是船艦，策略「藝術」的目的是勝利，經濟「藝術」的目的是財富。—— 亞里斯多德

所謂資本，是指為要得到更多的財富而提供的部分財產。—— 馬歇爾

資本是用於生產一國財富的一部分，由糧食、衣服、工具、原料、機械等構成。它必須給勞動於效果。—— 李嘉圖

一切商品都是暫時的貨幣；貨幣是永久的商品。—— 馬克思

當人們發明貨幣的時候，他們並沒有想到，這樣一來他們就創造了一種新的社會力量，一種整個社會都向它屈膝的普遍力量。—— 恩格斯

隨著商品流通的擴展，貨幣——財富的隨時可用的絕對社會形式——的權力也日益增大。—— 馬克思

資本來到世間，就是從頭到腳，每個毛孔都滴著血和骯髒的東西。—— 馬克思

政治經濟學，從最廣的意義上說，是研究人類社會中支配物質生活資料的生產和交換的規律的科學。—— 恩格斯

隨著商業和只是著眼於流通而進行生產的資本主義生產方式的發展，信用制度的這個自然基礎也在擴大、普遍化和發展。—— 馬克思

◆ 知識經濟

在知識經濟的新時代，知識就是財富，就是潛在的生產力。—— 喬治·索羅斯

新的社會是資訊社會，也是智力和知識社會。—— 福勒

科學技術的迅速發展，不僅改變了人類的經濟活動，而且也給政治、文化、道德等精神活動帶來了深刻影響。—— 福勒

知識資產的價值從來沒有像現在這樣得到普遍重視，如何管理和使用企業的知識資產正在成為新的挑戰。—— 馬克·鮑頓

在企業員工中培養團隊精神和歸屬感是獲得知識資產的土壤。——馬克·鮑頓

在知識經濟時代，我們必須讓公司全體員工參與企業的發展，如果我們做得對，好的主意便會源源不斷地產生。——傑克·威爾許

力量有三種基本形式，即暴力、財富和知識，三者順次為低級的、中級的和高級的力量；三者中知識最為重要，由於暴力和財富在驚人的程度上依靠知識，今天正在出現空前深刻的力量轉移，從而使力量的性質發生了深層次的變化。——托夫勒

勞動者成為資本擁有者，不是公司股票的所有權擴散到民間，而是由於勞動者挖掘了具有經濟價值的知識和技能。這種知識和技能在很大程度上是投資的結果。——舒爾茲

◆ 利益

每個人都愛自己，都尋求自己的利益。——斯賓諾莎

謀求自己的利益是美德或者是正當的處世之道唯一重要的基礎。——斯賓諾莎

如果很多人都想生存，而各人都一心一意專顧自己的利益，那麼，除非其中有一個人願意尊重公共幸福，這種社會就非解體不可。——阿奎那

我們確信這一基本原則：勞動者，即財富的創造者，有權享有他創造的一切。——菲力浦斯

每個人都應照顧自己的利益，這是最簡單的道理。——普勞圖斯

勞動而得的工錢，是對勤勉的一種獎勵，勤勉就像人類的其他資質，因獎勵而有成正比的進步。——亞當·斯密

勞動報酬優厚，是國民財富增進的必然結果，同時也是國民財富增進的自然徵候。反之，貧窮勞動者生活維持費不足，是社會停滯不前的象徵，而勞動者處於飢餓狀態，乃是社會急速退步的徵候。——亞當·斯密

不以「你要人怎樣待你，你就怎樣待人」這句富有理性正義的崇高格言，而以另一句合乎善良天性的格言「你為自己謀利益，要盡可能地少損害別人」來啟示所有的人。後一句格言遠不如前一句完整，但也

許更為有用。——盧梭

人只有在全體群眾的利益中才能找到自己的利益。——約瑟夫·傅立葉

利益或對於幸福的欲求就是人的一切行動的唯一動力。——霍爾巴赫

所有超過個人應得的社會產品份額的財富，都是竊奪。——巴貝夫

個人的地位取決於他們的能力，個人的報酬將取決於他們的工效。——聖西門

各盡所能，按勞分配。——路易·布朗

我們期待著這樣的時代的來臨：社會不分為遊食者與勤勞者兩個階級的時代；不勞動者不得食的原則對任何人一視同仁的時代；勞動生產物得以公平分配的時代；人類不是單為個人利益而是為全社會共同分享的利益而努力的時代。——穆勒

無論借助怎樣科學的力量，並以利息引誘人，人絕不可能做到皆大歡喜地分配財力和權力。——杜斯妥也夫斯基

任何活動如果沒有個人利益作基礎，是不可能持久的……自古以來哲學的主要任務就在於尋求個

人利益和共同利益之間的必要聯繫。——托爾斯泰

個人利益不應當是原動力；而關心公共利益才應當是每個有教養的人所共同具備的品格。——托爾斯泰

勞動是神聖的，工人憑自己所付出的時間和精力得到好的報酬，應是理所當然的。——艾柯卡

利益這個商業的重要嚮導，不是瞽盲，它很會為自己找路；它的需要就是它最好的法律。——伯克

不論哪一類自命獨樹一幟的人和團體都應以整體的利益為準繩校正自己。——哈林頓

利益，這顛倒乾坤的勢力。——莎士比亞

世界的利益就是由個人利益合成的。——穆勒

道德是個人的事，在道德紛爭中，每個人都為自己的利益而戰。——史蒂文生

的確，在一切道德問題上，我最後總是訴諸功利的。——穆勒

世界上有兩根槓桿可以驅使人們行動——利益和恐懼。——拿破崙

經濟學家是這樣來表述這一點的：每個人追求自己的私人利益，而且僅僅是自己的私人利益；這樣，也就不知不覺地為一切人的私人利益服務，為普遍利益服務。—— 馬克思

人們奮鬥所爭取的一切，都與他們的利益有關。—— 馬克思

◆ 金錢

金錢不是目的，而只是達到目的的一種手段。—— 柴契爾夫人

金錢可以供應「別人看來很像是幸福」的一切東西。—— 海涅

人類百分之七十的煩惱都跟金錢有關，而人們在處理金錢時，都往往意外地盲目。—— 卡內基

金錢本身就是非常好的，因為它不僅僅能滿足一個人的某一方面的具體需求，而且也能滿足人們抽象方面的需求。—— 叔本華

金錢，這個生活中無聊的東西，這個在公眾場合談起來就臉紅的東西，可它的實際作用和規律卻像玫瑰花一樣美麗。—— 霍桑

沒有錢是悲哀的事，但是金錢過剩則倍加悲哀。—— 托爾斯泰

錢是一種難以得到的可怕的東西，但也是一種值得歡迎的可愛的東西。—— 亨利·詹姆士

錢是個可惡的東西，用它可以辦好事也可以做壞事。—— 岡察洛夫

只有金錢才是最大的罪人，一切人類的殘酷和骯髒的行為，都是金錢導演出來的。—— 左拉

鳥翼上繫上黃金，這鳥便永遠不能再在天上翱翔了。—— 泰戈爾

金錢這種東西，只要能維持個人的生活就行，若是過多了，它就會成為遏制人類才能的禍害。—— 諾貝爾

構成罪惡源的東西並非金錢，而是對金錢的愛。—— 塞謬爾·斯邁爾斯

黃金的枷鎖是最重的。—— 巴爾札克

對於浪費的人，金錢是圓的，可是對於節儉的人，金錢是扁平的，是可以一塊塊堆積起來的。—— 巴爾札克

我害怕囊空如洗，所以我吝惜金錢。—— 盧梭

世上沒有一個諷刺作家，能寫盡金錢底下的罪惡。—— 巴爾札克

我手裡的金錢是保持自由的一種工具。——盧梭

黃金是全部文明生活的靈魂，它既可以將一切歸為它的自由，又可以將自己轉化為一切。——巴特勒

金錢好比肥料，如不散入田中，本身並無用處。——法蘭西斯·培根

既會花錢又會賺錢的人，是最幸福的人，因為他享受兩種快樂。——詹森

人不能光靠感情生活，人還靠錢生活。——羅曼·羅蘭

在投機事業上，真所謂謀事在人，成事在錢。——大仲馬

金錢可以療飢，但不能療苦惱，食物可以滿足食欲，但不能滿足心靈的需求。——蕭伯納

關於金錢的取與捨的適度是樂施，過度與不及是揮霍與吝嗇。——亞里斯多德

如果你想知道金錢的價值，那麼且去試試告貸吧！——富蘭克林

花起錢來最適宜的態度就是中庸之道。——西塞羅

如果你懂得使用，金錢是一個好奴僕；如果你不懂得使用，它就變成你的主人。——馬克·吐溫

人生中最美好的東西是不用錢的。——克里弗德·紀爾茲

金錢是對社會生活進行分配的計算工具；金錢本身就是生活，就像金鎊和銀行券是貨幣一樣真實。——蕭伯納

金錢是被鑄造出來的。——杜斯妥也夫斯基

金錢和時間是生活中的兩個負擔。擁有很多錢財，或擁有很多時間，卻又不知如何使用的人，是最不幸的。——詹森

不是自己的錢千萬別用。——傑弗遜

發財的捷徑是視金錢如糞土。——塞內加

世人出賣自己的靈魂皆因黃金的引誘，幾乎所有的罪惡都源自全能的黃金。——強生

錢可以讓好人含冤而死，也可以讓盜賊逍遙法外。——莎士比亞

對於沙漠中的旅人，金銀不如一個蘿蔔。——薩迪

金錢並不就是幸福，一個人即便貧窮也能幸福。—— 契訶夫

富足本來並不在數量的本身，而在取和分的比例。—— 哈代

對某些人來說，金錢是社交界的入場券，也是教養的象徵。—— 比爾斯

金錢是人類最高貴的力量，也就是人類勞動的儲藏室。—— 普魯斯

債權人的記性要比債務人好。—— 富蘭克林

金子，你是最基本的商品，其餘一切最終都要變成你。—— 拉法格

金錢，是人類抽象的幸福。所以，一心撲在錢上的人，不可能會有具體的幸福。—— 叔本華

金錢能使整個世界運轉。—— 賽勒斯

◆ 財富

財富有如蘑菇，長在陰暗之處。—— 英國諺語

希望獲得不義之財是遭受禍害的開始。—— 德謨克利特

財產，如果不好好安排，幸福還是會像一條鰻魚，從他的手裡滑掉

的。—— 裴斯泰洛齊

對希望和歡樂的偏愛是真正的財富，而對恐懼和痛苦的執著則是窮困。—— 休謨

有錢人在奔赴陰曹地府時是帶不走自己的財產的。—— 奧維德

富人只有在病中時，才會充分感覺到錢財的無能。—— 科爾頓

暴發的、不正當的巨大財富是一個陷阱。—— 馬克·吐溫

財富與大膽的人站在一起。—— 維吉爾

財富不能帶來善，而善能帶來財富和其他一切幸福。—— 柏拉圖

財富只是增大而不是滿足人的欲望。—— 福勒

財富造成的貪婪之人，遠遠多於貪婪造成的富有人。—— 福勒

財富越增加，人們越渴望更多的財富，因之憂患與日俱增。—— 賀拉斯

財產的極端懸殊是許多災難和犯罪的根源。—— 羅伯斯庇爾

消除貧困的時候，我們會失去自己的財富。而擁有這筆財富，我們卻

會失去多少善心，多少美和多少力量啊。——泰戈爾

貧困固然不方便，但過富也不一定是好事，必須依靠自己的力量，謀求生活。——瑪里·居禮

巨大的財富具有充分的誘惑力，足以穩穩當當地起致命的作用，把那些道德基礎不牢固的人引入歧途。——馬克·吐溫

巨額財富使人養尊處優，無求於人，但也有一種危險的傾向，它能使一個意志堅強、知識淵博的人變得乖僻、自負。——蕭伯納

縱使富有的人以其財富自傲，但在還不知道如何使用他的財富以前別去誇讚他。——蘇格拉底

既不必諂媚又無需借貸的人是富翁。——福勒

誰也不滿足自己的財產，誰都不滿足於自己的聰明。——托爾斯泰

甘於守貧是一個人的巨大財富。——盧克萊修

財產越豐，受其奴役性越大。——提布魯斯

世間物質能夠滿足人的需要，卻不能滿足人的貪婪。——甘地

對財產先人為主的觀念，比其他事更能阻止人們過自由而高尚的生活。——羅素

巨大的財富與知足的心理很難和諧相處。——福勒

人類的歷史表明，人的欲望是隨著他的財富和知識的增長而擴大的。——馬歇爾

人類的勞動是唯一真正的財富。——法朗士

凡是守財奴都只知道眼前，不相信來世。——巴爾札克

不要相信那些表面上蔑視財富的人，他們蔑視財富是因為他們對財富絕望。——法蘭西斯·培根

巨大的財富，落在傻瓜的手裡則是巨大的不幸。——福勒

失財勢的偉人舉目無親，走時運的窮酸仇敵逢迎。這炎涼的世態古今一轍，富有的門庭擠滿了賓客；要是你在窮途向人求助，即使知己也要情同陌路。——莎士比亞

對一個從希望的頂上跌落下來的人來說，財產是不足道的。——巴爾札克

最知足的人最能享受到財富帶來的樂趣。——塞內加

人必須努力生產財富，因為他不能沒有財富而生存。——麥克庫洛赫

財富令人起敬，它是社會秩序最堅固的支柱之一。——羅曼·羅蘭

財富是了不起的，因為它意味著力量，意味著閒暇，意味著自由。——羅威爾

毫無疑問，財產同自由一樣，是人類的一項真正權利。——約翰·亞當斯

財產並不能創造人類道德價值和智慧價值。對平庸的人只會成為墮落的媒介，但如果掌握在堅定正確人的手中就會成為有力的千斤頂。——莫泊桑

財寶如火，你認為它是有用的僕人，但轉瞬之間它就搖身變為可怕的主人。——卡萊爾

財富掌握在意志薄弱、缺乏自製、缺乏理性的人手中，就會成為一種誘惑和一個陷阱。——塞謬爾·斯邁爾斯

財富並不是永久的朋友，但朋友卻是永久的財富。——托爾斯泰

財富必須在快樂中證明自身。——桑塔亞那

適可而止是最大的財富。——豪厄爾

如果財富是屬於你的，那為什麼不帶它們隨你去另一個世界呢？——富蘭克林

人們求財富半是為了滿足生活所需，半是為了保證恣情享樂。——西塞羅

很少有比規規矩矩掙錢的人更純潔的了。——詹森

恩賜的東西是不牢靠的。凡是恩賜的東西，它就可能隨時被恩賜者收回。——大仲馬

道德和才藝是遠勝於富貴的資產。——莎士比亞

世傳的財產往往造成後代的惡行。——喬叟

財富歸根結底只是虛無的東西，所以應該拋開財富的意識生存，因此，不要根據利益得失，而要根據好壞來判斷經營。——神林照雄

私有財產，財富的積累法則，競爭
法則，所有這些都是人類經歷的最
高結果，是迄今為止社會結出最佳
果實的土壤。—— 卡內基

在大多數人中間，財富主要用於炫
耀。—— 亞當·斯密

財富不是盜竊，但有許多盜竊變成
了財富。—— 托尼

人們靠智慧來掌握財富的時代一定
會到來。—— 摩根

第五篇　知識篇

◆ 知識

只有知識才能使我們誠實地愛人，尊重人的勞動，由衷地讚賞無間斷的偉大勞動的美好成果。 —— 高爾基

在知識經濟的新時代，知識就是財富，就是潛在的生產力。 —— 索羅斯

心靈中的黑暗必須用知識來驅除。 —— 盧克萊修

人不能像走獸那樣活著，應該追求知識和美德。 —— 但丁

知識就是力量。 —— 培根

知識是青年人最佳的榮譽，老年人最大的慰藉，窮人最寶貴的財產，富人最珍貴的裝飾品。 —— 第歐根尼

必須的知識，就是某種完善的知識，就是關於生活，關於生存，關於廣義存在的科學，而不是忽而東忽而西的科學。 —— 別林斯基

要建設，就必須有知識，必須掌握科學。而要有知識，就必須學習。頑強地、耐心地學習。 —— 史達林

掌握無論哪一種知識對智力都是有用的。它會把無用的東西拋開而把好的東西留下。 —— 達文西

為要好好地生活，就要好好地工作；為要站穩腳跟，就要掌握知識。 —— 高爾基

對一件東西的愛好是由知識產生的，知識愈準確，愛好也就愈強烈。要達到這準確，就須對所應愛好的事物全體所有組成的每一個部分都有透徹的知識。 —— 達文西

知識的歷史猶如一支偉大的複音曲，在這支曲子裡依次響起各個民族的聲音。 —— 歌德

在每個國家，知識都是公共幸福的最可靠的基礎。 —— 華盛頓

知識，只有當它靠積極的思維得來，而不是憑記憶得來的時候，才是真正的知識。 —— 愛因斯坦

知識是我們這個世界的絕對價值。必須學習，必須掌握知識。沒有不可認識的東西，我們只能說還有尚認識的東西。 —— 高爾基

當孤獨寂寞時，閱讀可以消遣。當高談闊論時，知識可供裝飾。當處世行事時，知識能增進才幹。有實際經驗的人雖能處理個別性的事務，但若要綜觀整體，運籌全域，卻唯有掌握知識才能辦到。 —— 培根

人的知識愈臻廣，人的本身也愈完善。—— 高爾基

知識是集無數思想與經驗之大成的東西。—— 愛默生

如果沒有系統的知識的說明，先天的才能是無力的。直觀能解決很多事，但不是一切。天才和科學結合後才能取得最高的成功。—— 史賓賽

掌握知識對於一個人來說是不夠的，應當善於使知識得到發展。—— 歌德

我們的一切進步都像萌芽，有一個從小到大的過程。開始出於本能，然後產生見解，最後獲得知識。—— 愛默生

知識的活動只有一個實實在在的理由 —— 使得心靈能夠成長。—— 卡內基

人的威嚴蘊藏在知識之中，因此，人有許多君主的金銀無法買到、君主的武力不可征服的內在東西。—— 培根

知識是珍貴玉石的結晶，文化是寶石放出的光輝。—— 泰戈爾

知識像燭光，能照亮一個人，也能照亮無數的人。—— 培根

有學問的人和能認識的人是不同的。記憶造成了前者，哲學造成了後者。—— 大仲馬

具有豐富知識和經驗的人，比只有一種知識和經驗的人更容易產生新的聯想和獨到的見解。—— 泰勒

知識的根是苦的，它的果實是甜的。—— 薩迪

知識以生命為前提，以經驗為條件。—— 狄慈根

真正有知識的人謙虛、謹慎；只有無知的人才冒昧、武斷。—— 格蘭維爾

真正的蒙昧主義並不去阻止真實的明白的和有用的事物，而是使假的東西到處流行。—— 歌德

任何人的知識不可能超過他自己的經驗。—— 洛克

身體的財富是健康，思想的財富是知識。—— 烏申斯基

知識呀！只要和你在一起，人甚至在枷鎖下也是自由的。—— 愛爾維修

◆ 求知

對知識的渴求是人類的自然意向，任何頭腦健全的人都會為獲取知識而不惜一切。—— 塞謬爾‧約翰生

求知的目的不是為了吹噓炫耀，而應該是為了尋找真理，啟迪智慧。—— 培根

勇於求知的人絕不至於空閒無事……我以觀察為生，白天所見、所聞、所注意的一切，晚上一一記錄焉，什麼都引起我的興趣，什麼都使我驚訝。—— 孟德斯鳩

就當使每個人的見識和知識，比他的父親和祖父的見識和知識更多。—— 契訶夫

知識的確是一種非常有用非常重要的品性，鄙視知識的人不過顯示了他們自己的愚蠢。—— 蒙田

一個熱衷於追求知識的人和一個已厭倦一切、而想找一本書來消遣的人，兩者之間有極大的差異存在。—— 賈斯特頓

獲得知識就如同獲得金子這種珍貴物質一樣，也是需要聰明才智的。—— 拉斯金

地球是有限的，而知識是無限的。因此，一旦工業與知識和科學結合起來，就會有無限發展的前景。—— 門捷列夫

不知道自己的無知，是雙倍的無知。無知識的熱心，猶如在黑暗中遠征。—— 牛頓

知識的源泉不會枯竭：不管人類在這方面取得多大成就，人們還是要不斷地去探索、發掘和認識。—— 岡察洛夫

趁年輕少壯去探求知識吧，它將彌補由於年老而帶來的虧損，智慧乃是老年的精神養料，所以年輕時應該努力，這就使年老時不致空虛。—— 達文西

不要企圖無所不知，否則你將一無所知。—— 德謨克利特

凡是你不知道的事，都應向人請教。雖然這會有失身分，學問卻會日漸加深。—— 薩迪

精神上的各種缺陷，可以通過求知來改善 —— 正如身體上的缺陷，可以通過適當的運動來改善一樣。—— 培根

生活的全部意義在於無窮地探索尚未知道的東西，在於不斷地增加更多的知識。——左拉

地不耕種，再肥沃也長不出果實；人不學習，再聰明也目不識丁。——西塞羅

求知是一條只有起點而沒有終點的路。——歌德

知識不是某種完備無缺、純淨無瑕、僵死不變的東西。它永遠在創新，永遠在前進。——普略施尼柯夫

莫在追憶的深井中打撈冰涼的遺憾，快去知識的海洋裡挖掘人生的熱源。——雪萊

對於聰明人和有素養的人來說，求知欲是隨著年齡的增長而轉變得愈加強烈的。——西塞羅

傾囊求知，無人能奪。投資知識，得益最多。——富蘭克林

當你沒有掌握新的知識，當你沒有給你自己的學問增添新的東西，這樣的日子或者這樣的時刻就是可悲的日子或者可悲的時刻。——考門斯基

為要好好地生活，就要好好地工作；為要站穩腳跟，就要掌握知識。——高爾基

◆ 書籍

書和人一樣，也是有生命的一種現象，它也是活的，會說話的東西。——高爾基

書籍是任何一種知識的基礎，是任何一門學科的基礎的基礎。——褚威格

書籍——當代真正的大學。——卡萊爾

書，這是這一代對另一代人精神上的遺言，這是將死的老人對剛剛開始生活的青年人的忠告，這是準備去休息的哨兵向前來代替他的崗位的哨兵的命令。——赫爾岑

書籍是在時代的波濤中航行的思想之船，它小心翼翼地把珍貴的貨物送給一代又一代。——培根

圖書館使我得以有恆地研習而增進我的知識，每天我停留在裡面一兩個鐘頭，用這個辦法相當地補足了我失掉的高等教育。——富蘭克林

在人類所創造的一切事物中，書籍是最重要、最令人驚嘆的東西。—— 卡萊爾

要熱愛書，它會使你的生活輕鬆；它會友愛地來幫助你了解紛繁複雜的思想、情感和事件；它會教導你尊重別人和你自己；它以熱愛世界、熱愛人類的情感來鼓舞智慧和心靈。—— 高爾基

書有一股力量可以使人真切而緊密地互相結合，往往由於對某書有共同喜愛的人而彼此生了親切之感，經由作者的媒介，而和作者的生活打成一片，於是在思想上、感觸上產生了共鳴，而建立了彼此之間的親密關係。—— 塞謬爾·斯邁爾斯

生活裡沒有書籍，就好像沒有陽光。—— 莎士比亞

書籍不僅是人們交往的工具，不僅是資訊傳播者，而最主要的——是洞察周圍現實生活的工具，是自然界中有理智的一分子——人的自我見解。—— 尤里·邦達列夫

書籍，在青年時代是引路人，成人之後就是娛樂。—— 科利爾

讀書，這個我們習以為常的平凡過程，實際上是人的心靈和上下古今

一切民族的偉大智慧相互結合的過程……—— 高爾基

一本好書像一艘船，帶領我們從狹隘的地方，駛向生活的無限廣闊的海洋。—— 凱勒

智慧裡沒有書籍，就好像鳥兒沒有翅膀。—— 莎士比亞

書是和人類一起成長起來的，一切震撼智慧的學說，一切打動心靈的熱情都在書裡結晶成形。—— 赫爾岑

真正的讀書使瞌睡者醒來，給未定目標者選擇適當的目標。正當的書籍指示人以正道，使其避免誤入歧途。—— 卡內基

好書實是思想與觀念的源泉，是防範無知、失望、寂寞、迷信、固執、小氣，以及老年時的冥頑不靈等的保險單。—— 奧·康納

和書籍生活在一起，永遠不會嘆氣。—— 羅曼·羅蘭

書本是個永恆的宮殿，其廣度如同我們的世界，其數量如同天上的繁星。—— 拉斯金

如果沒有書，我將無法生存。—— 傑弗遜

書籍和智慧在社會生活中所起的作用比其他任何地方都更大。—— 彌爾頓

精神上最好的避難所還是書本：它們既不會忘了他，也不會欺騙他。—— 羅曼·羅蘭

在塵世間人類所創造的一切事物中，最重要、最精彩、最有價值的一種，我們叫做「書」！—— 卡萊爾

◆ 讀書

讀書使人充實，思考使人深邃，交談使人清醒。—— 富蘭克林

談書使人淵博，辯論使人機敏，寫作使人精細。—— 培根

濃厚的智力、興趣、氣氛促使他們去閱讀，而閱讀是使他們學習得好的最重要的補救手段。—— 蘇霍姆林斯基

不去讀書就沒有真正的教養，同時也不可能有什麼鑑別力。—— 赫爾岑

讀書的前提條件在於不讀壞書，因為光陰似箭，生命短促。—— 叔本華

讀書意味著借貸，利用所學的來創造就是償還自己的債務。—— 利希騰貝格

誰都不會死讀一本書。每個人都從書中研究自己，要不是發現自己就是控制自己。—— 羅曼·羅蘭

讀書是在別人思想的幫助下，建立起自己的思想。—— 魯巴金

愛讀書是一種十全十美的享受；別的享受都有盡頭，而讀書給人的享受卻是長久的。—— 安·特羅洛普

讀書時不可存心詰難作者，不可盡信書上所言……而應推敲細思。—— 培根

時候讀書是一種巧妙地避開思考的方法。—— 赫爾普斯

不習慣讀書進修的人，常會自滿於現狀，覺得再沒有什麼事情需要學習，於是他們不進則退。—— 羅曼·羅蘭

光陰給我們經驗，讀書給我們知識。—— 尼古拉·奧斯特洛夫斯基

就一百個問題讀一百本書，不如就一個問題讀十本書。—— 勃蘭克斯

教育！科學！學會讀書，便是點燃火炬；每個字的每個音節都發射火星。—— 雨果

愛讀書，就是以人生無法回避的寂寞時光，換取美妙的時光。——孟德斯鳩

讀書是靈魂的壯遊，隨時可發現名山巨川、古跡名勝、深林幽谷、奇花異卉。——法朗士

我撲在書籍上，像飢餓的人撲在麵包上一樣。——高爾基

讀書是最好的學習。追隨偉大人物的思想，是最富有趣味的一門科學。——普希金

讀書有時會使人突然明白生活的意義，使他找到自己在生活中的位置。——高爾基

喜歡讀書，就等於把生活中寂寞的時光換成巨大享受的時刻。——莫泊桑

◆ 學習

如果不想在世界上虛度一生，那就要學習一輩子。——高爾基

學習不僅是明智，它也是自由。知識比任何東西更能給人自由。——屠格涅夫

學習是一種很幸福的機會，是為了

獲得知識和擴大眼界就必須徹底利用的一種機會。——加里寧

知識不能從經驗中得出，而只能從理智的發明同觀察到的事實兩者的比較中得出。——愛因斯坦

一個有自由心靈的人不應該奴隸般地去從事任何學業；雖然勉強而行的身體力行不致損害身體，但是強迫學習的東西是不會保存在心裡的。——蘇格拉底

要學習，甚至從自己的敵人那裡去學習怎樣做到明智、真實、謙遜，學習怎樣避免自視過高，這總不會為時太晚的。——盧梭

蠢人常說他們是從自己的經驗中進行學習的。我卻認為利用別人的經驗更加好些。——俾斯麥

我活著為了學習，而學習並不是為了活著。——培根

有時候我們從別人的錯誤中學到的東西，可能要比從他們的優點中學到的東西更多。——朗費羅

絕不要把你們的學習看成是任務，而是一個令人羨慕的機會。——愛因斯坦

看書和學習是思想的營養，是思想

的無窮發展。—— 岡察洛夫

奇妙的學習不僅能使不愉快的事變得較少不愉快，而且也能使愉快的事變得更愉快。—— 羅素

當你還不能對自己說今天學到了什麼東西時，你就不要去睡覺。——利希頓堡

經常不斷地學習，你就什麼都知道。你知道得越多，你就越有力量。—— 高爾基

◆ 思考

學習知識要善於思考。思考，再思考，我就是靠這個方法成為科學家的。—— 愛因斯坦

只有透過沉思，讓我們的靈魂與思想的最高峰在一起時，我們所有的活動、言辭、行為才能變得真實。—— 泰戈爾

不下決心培養思考的習慣人，便失去了生活中最大樂趣。—— 愛迪生

人是為思考而降生。所以人一刻也不能不思考。—— 帕斯卡

不加思考地濫讀或無休止地讀書，所讀過的東西無法刻骨銘心，其大

部分終將消失殆盡。—— 叔本華

一個人年輕的時候不學會思考，他將一無所獲。—— 愛迪生

讀書可以獲得知識，思考才能去粗存精。—— 奧斯林

不會思想的人是白痴，不肯思想的人是懶漢，不敢思想的人是奴才。—— 尼采

思考可以構成一座橋，讓我們通向新知識。—— 普朗克

我平生從來沒有做過一次偶然的發明。我的一切發明都是經過深思熟慮，嚴格試驗的結果。—— 愛迪生

這個世界對思考的人而言是喜劇，對感覺的人而言是悲劇。—— 渥波爾

讀書是易事，思考是難事，但兩者缺一，便全無用處。—— 富蘭克林

應該堅信，思想和內容不是透過沒頭沒腦的感傷，而是透過思考而得到的。—— 車爾尼雪夫斯基

◆ 教育

兒童從他接受教育的當初，就應當體驗到有所發現之樂。—— 懷海德

真正的教育者不僅教授真理，而且向自己的學生教授對待真理的態度。—— 蘇霍姆林斯基

正確的教育在於外表上的彬彬有禮和高尚的教養同時表現出來。—— 歌德

用專業知識教育人是不夠的，通過專業教育他可以成為一種有用的機器，但是不能成為一個和諧發展的人。—— 愛因斯坦

學問如大廈，需要出色的管理人不斷地修繕保養。—— 巴特勒

教育就是獲得運用知識的藝術。這是一種很難傳授的藝術。—— 羅素

教育應當使所提供的東西讓學生作為一種寶貴的禮物來領受，而不是作為一種艱苦的任務要他去負擔。—— 愛因斯坦

在教育中，我們所致力的不是教青年們謀生，而是教他們生活。—— 懷海德

教育首先在於培養、磨練一個人成為受教育者的能力。—— 蘇霍姆林斯基

教育最大的目標，並不是知識而是行動。—— 史賓賽

一個人要先教育自己，而後才去接受別人的教育。—— 歌德

教育，是民族最偉大的生存原則，是一切社會裡把惡的數量減少，把善的數量增加的唯一手段。—— 巴爾札克

人只有靠教育才能成人，人完全是教育的結果。—— 康德

教育將造成這樣的人：引導容易強制難的人，支配容易卻無法奴役的人。—— 布羅漢·亨利

注意每一個人，關懷每個學生，並以關切而又深思熟慮的謹慎態度對待每個孩子的優缺點 —— 這就是教育過程的根本之根本。—— 蘇霍姆林斯基

最賢明的古人把含蓄的事物看做是最恰當的教育內容，因為它能使各種能力得到運用。—— 羅素

人生具有人道的根苗，須持教育發展出來使人實踐人的造詣。—— 康德

教育給許多人閱讀的能力。但是，卻沒有給他分辨什麼才值得閱讀的能力。—— 泰瑞維廉

教育的唯一工作與全部工作可以總結在這一概念之中 —— 道德。—— 赫爾巴特

我們接受三種教育：一種來自父母，一種來自教師，另一種來自社會。第三種教育與前兩種完全背道而馳。—— 孟德斯鳩

教育既是這種社會生活的反映，也是適應這種社會生活的工具。—— 皮亞傑

我不是什麼師長，只不過是個告訴你方向的同路人。我指向前方 —— 這個前方不僅是你的，也是我的。—— 蕭伯納

天賦僅給予一些種子，而不是既成的知識和德性，這些種子需要發展，而發展是必須借助於教育和教養才能達到的。—— 凱洛夫

教育的真正目的，並不只強制人做善事，同時還要教人從做善事中發掘喜悅。—— 拉斯金

教育並不僅僅用於裝點記憶力和啟發理解力，它的主要職責應該是引導意志力。—— 儒貝爾

教育必須有一個作為目的的目的，因為教育本身不是目的。—— 馬歇爾

完善的教育可能使人類自身的智慧和道德的力量得到廣泛的發揮。—— 烏申斯基

教育的目的是為年輕人終生教育自己做準備。—— 哈欽斯

我們把教育定義如下：人的智慧絕不會偏離目標。所謂教育，是忘卻了在校學的全部內容之後剩下的本領。—— 愛因斯坦

第六篇　健康篇

◆ 健康

健康是幸福的主要因素，鍛鍊是健康的重要保證。——湯姆遜

健康不是身體狀況，而是精神狀況的問題。——艾迪夫人

體育對於兒童的腦力緊張不會增加負擔，相反地，它在腦力作業之後起一種鬆弛作用，使腦力得到特殊的休息。——加里寧

健康當然比金錢更為可貴，因為我們所賴以獲得金錢的，就是健康。——塞謬爾·約翰生

有秩序的健康生活必須是教育的基礎；同樣也是教育的最初的準備。——赫爾巴特

身體要過著一種有規則的、有節制的生活，方才能保持健康。——康門紐斯

我的幸福十分之九是建立在健康基礎上的，健康就是一切。——叔本華

隱藏的憂傷如熄火之爐，能把心燒成灰燼。——莎士比亞

健康的人未察覺自己的健康，只有病人才懂得健康。——卡萊爾

良好的健康狀況和由之而來的愉快的情緒，是幸福的最好資本。——史賓賽

沒有什麼比健康更令人快樂的了，雖然他們在生病之前並不曾覺得那是最大的快樂。——柏拉圖

經得起各種誘惑和煩惱的考驗，才算達到了最完美的心靈的健康。——培根

青春與健康往往是形影不離的，美好的青春是要由健康來保證的，而青春期的健康鍛鍊正是健康的基礎。——穆尼爾·納素夫

保持一生壯健的真正方法是延長青春的心。——科林斯

最窮苦的人也不會為了金錢而放棄健康，但是最富有的人為了健康甘心放棄所有的金錢。——柯爾頓

人通常總不重視健康和光明，除非到他失掉它們的時候。——薇拉·妃格念爾

憂愁、顧慮和悲觀，可以使人得病；積極、愉快、堅強的意志和樂觀的情緒，可以戰勝疾病，也可以使人強壯和長壽。——巴夫洛夫

只要失去健康，生活就充滿痛苦和壓抑。沒有它，快樂、智慧、知識和美德都黯然失色，並化為烏有。—— 蒙田

人們在祈禱中懇求神賜給他們健康，而不知道他們自己是健康的主人。他們以無節制的行為違反健康而行事，這就是以自己的情欲背叛了健康。—— 德謨克利特

疾病有千種而健康只有一個。——貝克爾

健康的價值貴重無比。唯有它才是人們的追求目標，不僅用時間、血汗、勞力、財富來追求，甚至獻出生命也在所不惜。—— 蒙田

健康的乞丐比有病的國王更幸福。—— 叔本華

健康是一種自由，在一切自由中首屈一指。—— 瑞亞美路

健康的人最重視的是生活；特別是有天才的人，因為他比別人更需要生活。—— 羅曼·羅蘭

身體健康者常年輕；無負於人者常富有。—— 瑪爾托夫特

健康是人的身體和心靈的健康，兩者缺一不可，否則，就不能稱之為健康。—— 尼采

我首先要請你注意自己的身體健康。時代在好轉，它將對你的身體提出很多的要求。所以你要鍛鍊它，而不要損害它。—— 馬克思

如果沒有健康，智慧就不能表現出來，文化無從施展，力量不能戰鬥，財富變成廢物，知識也無法利用。—— 赫拉克利特

啊，健康，健康！你是人的幸福！你是人的財富！誰能以非常昂貴的價格買到你？因為沒有你，就享受不到這個世界的樂趣。—— 強生

無論身體或精神有毛病，就是戰敗……健康就是勝利。希望所有的人都能健康愉快，如果辦得到的話。—— 卡萊爾

長期的身體毛病使最光明的前途蒙上陰暗，而強健的活力就使不幸的境遇也能放金光。—— 史賓賽

◆ 運動

運動是一切生命的源泉。—— 達文西

運動是世界上最好的安定劑。——懷特

停止便是死亡，只有運動才能敲開永生的大門。——泰戈爾

日復一日堅持練下去吧，只有活動適量才能保持訓練的熱情和提高運動的技能！——塞內卡

運動的作用可以代替藥物，但所有的藥物都不能代替運動。——索曾

我生平喜歡步行，運動給我帶來了無窮的樂趣。——愛因斯坦

生命在於運動。——伏爾泰

生命在於矛盾，在於運動，一旦矛盾消除，運動停止，生命也就結束了。——歌德

只有活動才可以除去各種各樣的疑慮。——歌德

生活就是運動。人的生活就是運動。——托爾斯泰

良好的健康狀況和由之而來的愉快的情緒，是幸福的最好資金。——史賓賽

體育是增進青年健康、發展他們的體力和各種能力的必要條件。——凱洛夫

因循懶惰就是死亡，忙碌就是愉快、高興，沒事做就是頹喪、失神。——笛福

對人生命的最大威脅是以車代步，而不是交通事故。——懷特

我們要使每個人在各方面都發展，既會跑，又會游泳，既走得快，又走得好，使整個身體都很健康。——加里寧

體育和運動可以增進人體的健康和人的樂觀情緒，而樂觀情緒卻是長壽的一個必要條件。——勒柏辛斯卡婭

◆ 幸福

只有認為自己是最幸福的人才能享受到幸福。——塞謬爾·約翰生

幸福的生活存在於心緒的寧靜之中。——西塞羅

人類所以要生存在世界上，並非為了要當富翁，而是為了獲得幸福。——司湯達

與其說人的幸福來自偶然碰上的鴻運，不如說它來自日常生活中的微利。——富蘭克林

幸福是點點滴滴獲得的，但幸福本身卻絕不瑣碎。——芝諾

能把自己生命的終點和起點連接起來的人是最幸福的人。——歌德

幸福的大祕訣是：與其使外界的事物適應自己，不如使自己去適應外界的事物。——斯門爾特

人生的幸福如此微妙，就像是嬌嫩的植物，甚至僅僅想到它也會使之退縮。——約瑟夫·斯彭斯

幸福的概念是極不確定的，雖然人人皆欲得之，卻無人能明確地、連貫地說出他所希望與企求的到底是什麼。——康德

能為一個瞬間而放棄自我，能為一個女人的微笑而犧牲數年光陰——這就是幸福。——赫爾曼·海塞

人找到生活的意義才是幸福的。——尤·邦達列夫

生活就是渴望幸福，就是為了幸福而鬥爭。——高爾基

真正的幸福只有當你真實地認識到人生的價值時，才能體會到。——穆尼爾·納素夫

我學到了尋求幸福的方法：限制自己的欲望，而不是設法滿足他們。——彌爾頓

使人幸福的不是體力，也不是金錢，而是正義和多才。——德謨克利特

一個人的幸福主要還是造就於他自己的手，所以詩人說：「人人都可以成為自己的幸福的建築師。」——培根

幸福的最大障礙就是期待過多的幸福。——豐特奈爾

幸福是一個不斷渴望的過程，從一個目標到另一個目標；達到前者就開闢了通向後者的道路。——霍布斯

幸福的鬥爭不論它是如何的艱難，它並不是一種痛苦，而是快樂，不是悲劇的，而只是戲劇的。——車爾尼雪夫斯基

真正的幸福之源就在我們自身。對於一個善於理解幸福的人，旁人無論如何也不能使他真正潦倒。——盧梭

人們的幸福或不幸依賴於他們情緒的程度，不亞於運氣的好壞依賴於他們情緒的程度。——拉羅什富科

如果我們僅僅想獲得幸福，那很容易實現。但我們希望比別人更幸福，就會感到很難實現，因為我們

對於別人幸福的想像總是超過實際情形。—— 孟德斯鳩

通往幸福的最錯誤的途徑，莫過於名利、宴樂和奢華生活。—— 叔本華

對於幸福的追求是一切有生命和愛的生物、一切生存著的和希望生存的生物、一切呼吸著和不以「絕對漠不關心的態度」吸進碳氣和氮氣而不吸進氧氣、吸進致死空氣而不吸進新鮮空氣的生物的基本的原始的追求。—— 費爾巴哈

比起那種一味用陰暗的前景使自己的生活樂趣失色的人來，人們倒可以把一個經得住一切事變的人視為一個更幸福的人。—— 康德

幸福的祕訣是：讓你的興趣儘量的擴大，讓你對人對物的反應，儘量地傾向於友善。—— 羅素

幸福是靈魂的一種香味，是一顆歌唱的心的和聲。—— 羅曼·羅蘭

哪裡有生活，哪裡就有幸福。越往前去，它就越多、越多。—— 羅曼·羅蘭

只有愛，只有犧牲，才是唯一真實的，不為客觀情況所左右的幸福。—— 托爾斯泰

真正的幸福絕不定居於一處。探尋無處，卻到處存在；金錢無法購買，卻隨時可得。—— 卡爾·波普爾

如果一個人只有幸福，那他就不會懂得什麼叫幸福。只有嘗過悲哀的人才能真正體會到幸福的甜美。—— 英格麗·褒曼

幸福本身就是一種旅程，而不是旅程中的一個目標站。—— 朗貝克

最大的幸福在於憧憬，而真正的憧憬是以那些得不到的東西為物件。—— 歌德

◆ 醫療

疾病是快樂的稅金。—— 萊伊

對於一個病人來說，仁愛、溫和、兄弟般的同情，有時甚至比藥物更為重要。—— 杜斯妥也夫斯基

疾病是加在悲慘的人征的賦稅，有的人納稅多一些，有的人納稅少一些，但每個人都要納稅。—— 賈斯特菲爾德

心靈上的疾病比身體的疾病更危險更經常。—— 西塞羅

對一個內在健全的人而言，疾病甚至可以作為生命的有力刺激品，作為生命旺盛的刺激品。—— 尼采

疾病不僅在於身體的故障，還往往在於心的故障。—— 艾迪夫人

憤怒和煩悶會摧殘人的精力，破壞人的健康，沮喪人的意志，毀滅人的前途。—— 盧梭

先天之強者不可恃，恃則並失其強矣，後天之弱者當知慎，慎則人能勝天矣。—— 史賓賽

誰要想壽命和錢財兩旺，請您今天開始即早睡早起。—— 拜倫

◆ 治病

與其讓病人久受折磨，不如一切斷其病源。—— 屠格涅夫

一名最好的醫生，就在於能最大限度地克制自己的感情，不讓對某些不可挽回的事情的悔恨，干擾完成未來任務的決心。—— 海澤

自家心病自家知，起念還當把念送，只是心生心作病，心安哪有病來時。此之謂心藥。以心藥治七情內起之病，此之謂療心。—— 萬潛齋

有這麼三位醫生：第一位叫節食，第二位叫安靜，第三位叫愉快。—— 豪厄爾

健康的開始在於知道自己的疾病，在於願意服醫生開始他的處方。—— 賽凡提斯

一個人要是惱恨自己的病 —— 他一定會戰勝這個病。—— 屠格涅夫

久病不愈使病人精疲力竭，也使別人的同情日益遲鈍、逐漸減弱。強烈的感情不可能無限期保持下去。—— 褚威格

最充實的愛是愉快與良好的願望這兩種因素不可分割的結合。—— 羅素

◆ 養生

經常保持心胸坦然、精神愉快，這是延年益壽的祕訣之一。—— 培根

我們的身體要過著一種有規則的、有節制的生活，方能夠保持健康強壯。—— 康門紐斯

一個人只要有顆純潔的心靈，無愁無恨，他的青春時期定可因此而延長。—— 司湯達

美是必要的，快樂是必要的，愛情也是必要的。但是這一切都應該有健康的基礎。—— 季米特洛夫

長壽幾乎是每個人的心願，但生活得稱心如意，卻是少數人的雄心。—— 休斯

少壯時代天賦的強力可以忍受許多縱欲行為。而這些行為是等於記在賬上的，到了老年的時候，是要還的。—— 培根

精力旺盛的人與疲憊懶散的人在生命的二分之一時間中是不相上下的，因為所有的人在睡著時都是一樣的。—— 亞里斯多德

生活充實的人才能長壽。—— 塞內卡

一切頑固沉重的憂悒和焦慮，足以給各種疾病立竿見影大開方便之門。—— 巴夫洛夫

我們的身體只要從小養成習慣，它們是什麼都受得了的。—— 約翰·洛克

身體靠營養來維持，精神何嘗不然。—— 盧克萊修

些許紀律帶來巨大效益。—— 吉姆·羅恩

健康是幸福的主要因素，鍛鍊是健康的重要保證。—— 湯姆遜

長年堅持鍛鍊就能使人自如地發揚行善的美德。—— 第歐根尼

人們並非像想像的那樣脆弱，把生活節奏安排適度緊張些，人只會從緊張狀態中有所收益，有利於健康長壽。—— 拜倫

些許紀律帶來巨大效益。—— 吉姆·羅恩

第七篇　情感篇

◆ 情感

情感的本身來源於我們的需求，而情感的發展則來源於我們的認識。——盧梭

隱瞞我們心中擁有的情感比假裝我們沒有的情感更為困難。——拉羅什富科

任何感情只有在自然的時候才有價值。——柯羅連科

情感豐富固然是一切美德的源泉，但也是釀成許多災難的始因。——傑弗遜

感情有股薰陶的力量：一個人不論如何粗俗，只要表現一股真實而強烈的情感，就有種特殊的氣息，使容貌為之改觀，舉動有生氣，聲音有音色。——巴爾札克

人們無窮無盡地痛斥情感；人們把人的一切痛苦都歸罪於情感，而忘記了情感也是他的一切快樂的源泉。因此，情感就其本身性質來說，是一種既不能說得太好也不能說得太壞的因素。——狄德羅

情感——這是道德信念、原則和精神力量的核心和血肉；沒有情感，道德就會變成枯燥無味的空話，只能培養偽君子。——蘇霍姆林斯基

在情感的海上，沒有指南針，只好在奇異的事件前面束手無策地隨意漂流。——巴爾札克

沒有思想，便沒有情感；沒有大腦的功能，「感覺」能力也就不復存在了。一種感情是對一種思想的生理反應。——戴埃

抑制情感的衝動，而不是屈從於它，人才有可能得到心靈上的安寧。——湯瑪斯

情感放縱無度會導致災難性的後果。但是，過分冷靜的思考，缺乏感情衝動，也必然會使人的心理變態。——瓦西列夫

情感，是指嗜欲，憤怒，恐懼，自信，嫉妒，喜悅，友情，憎恨，渴望，好勝心，憐憫心和一般伴隨痛苦或快樂的各種感情。——亞里斯多德

情感在很大程度上依賴於悟性。由於情感的活動，我們的理性才能趨於完善。——盧梭

我們對於情感的理解愈多，則我們愈能控制情感，而心靈感受情感的痛苦也愈少。——斯賓諾莎

情感就是對自己的愛，對痛苦的憂慮，對死亡的恐懼和對幸福的嚮往。—— 盧梭

感情不可能有靜止狀態，它不是向這個方向發展，就是向那個方向發展。—— 亨利‧詹姆士

所有一切我們能夠加以控制的情感都是合法的，所有一切反過來控制我們的欲念就是犯罪。—— 盧梭

不尊重別人感情的人，最終會引起別人的討厭和憎恨。—— 卡內基

感情 —— 唯一永遠有說服力的演說家；它是一種自然的藝術，它的法則是絕無錯誤；頭腦最簡單然而面帶感情的人，較諸沒有感情的人，較諸沒有感情的雄辯家更具有說服力量。—— 羅休柯夫

用感情做掩護的心計最能打動人，即使對方心中抱著極大的悲痛也會煙消雲散。—— 巴爾札克

人的感情和行為千差萬別，正如在鷹鉤鼻子和塌鼻之間。還可能有各式各樣的鼻子。—— 歌德

世上本來有富於思想和富於感情的兩種人 —— 推理的頭腦和感覺的心情。前者造成了以行動著稱的人 —— 將軍和政治家，後者造成了詩人和夢想者 —— 一切藝術家。—— 盧梭

◆ 熱情

熱情有極大的價值，只要我們不因此忘乎所以。—— 歌德

熱情就像酒：它能在血管中引起如此多的騷動，在神經中引起如此猛烈的顫動，結果理智被完全摧毀。—— 伏爾泰

你們的理智與熱情，是你航行的靈魂的舵與帆。—— 紀伯倫

一個人要是沒有熱情，沒有需求，僅僅為了他人的緣故去逐利追名，苦苦折騰，這個人便是傻瓜。—— 歌德

熱情就是整個人類。沒有熱情，宗教、歷史、小說、藝術，都是無用的了。—— 巴爾札克

那些曾經熱情洋溢的人們冷靜下來後會發現他們的一生是悲喜交集的。—— 拉羅什富科

熱情無處發洩，一味誇大渺小的東西，反而降低熱情的價值。—— 巴爾札克

熱情，不小心的時候是一個自焚的火焰。——萊辛

興奮像熱情一樣，有時會使我們無視人世間的實情。——大仲馬

在這世界的歷史裡，每一個偉大的有威力的時代的產生，都是由於某一種熱忱得到了勝利。——愛默生

一個沒有受到獻身的熱情所鼓舞的人，永遠不會做出什麼偉大的事情來。——車爾尼雪夫斯基

真正的熱情像美麗的花朵般，它開放的地面愈是貧瘠，看來愈格外的耀眼。——巴爾札克

缺乏熱情和意志力量，智慧的創造力是毫無結果的。——安德羅諾夫

只有熱情，巨大的熱情才能使靈魂昇華。——狄德羅

◆ 激情

在人的內心，激情永遠在產生；一種激情的消逝幾乎總是意味著另一種激情的產生。——拉羅什富科

激情由最初的意識形成，它是心靈的青春。——萊蒙托夫

我們的激情實際上像火中的鳳凰一樣，當老的被焚化時，新的又立刻在它的灰燼中出生。——歌德

沒有激情，人只不過是一種潛在的力量。就像火石，在它能夠發出火星之前等待著鐵的撞擊。——阿米爾

大多數謹慎的人們，在隨心所欲時，並不情願讓公眾看見他們思想的空虛和無節制。這表明激情若不加以引導，在大多數情況下僅僅是瘋狂。——霍布斯

激情是人世間各種事物中真正絕對的東西，它從來不承認自己錯了。——巴爾札克

在熱情的激昂中，靈魂的火焰才有足夠的力量把創造天才的各種材料熔於一爐。——盧梭

激情，一種緊張的情緒，它使你的身體發熱，同時又讓你的心在寒風中打顫。——比爾斯

人的激情是四通八達的道路，條條道路通激情。——沃維納爾

天性中的激情部分的確會產生野蠻，如果加以適當訓練就可能成為勇敢，如果搞得過了頭，就會變成嚴酷粗暴。——柏拉圖

激情常使最精明的人變成瘋子，使最愚蠢的傻瓜變得精明。—— 拉羅什富科

沒有矛盾就沒有進步。吸引和排斥，理智和激情，愛和恨，都是人類進步必不可少的。—— 布萊克

激情是使航船揚帆的驟風，有時也使它沉沒，但沒有風船就不能前進。—— 伏爾泰

激情對於人生只不過是一個偶然發生的事件。這個偶然只發生於優秀的人們的心中。—— 司湯達

三種單純而極其強烈的激情支配著我的一生，那就是對於愛情的渴望，對於知識的渴求，以及對於人類苦難痛徹肺腑的憐憫。—— 羅素

激情不過是一種強化了的好的或者壞的品格而已。—— 朗費羅

沒有激情，世界上任何偉大的事業都不會成功。—— 黑格爾

◆ 友情

兄弟可能不是朋友，但朋友常常如兄弟。—— 富蘭克林

世間最美好的東西，莫過於有幾個頭腦和心地都很正直的嚴正的朋友。—— 愛因斯坦

友誼是人生的調味品，也是人生的止痛藥。—— 愛默生

在智慧提供給整個人生一切幸福之中，以獲得友誼為最重要。—— 伊比鳩魯

找到朋友的唯一辦法是自己成為別人的朋友。—— 愛默生

親戚是上帝賜予我們的，朋友是我們自己挑選的。—— 馬姆福爾德

莫逆於心，遂相與友。—— 莊周

友誼建立在同志中，鞏固在真摯上，發展在批評裡，斷送在奉承中。—— 列寧

選擇朋友一定要謹慎！地道的自私自利，會戴上友誼的假面具，卻以設好的陷阱來坑你。—— 克雷洛夫

仁愛的話，仁愛的諾言，嘴上說起來是容易的，只有在患難的時候，才能看見朋友的真心。—— 克雷洛夫

真正的朋友不把友誼掛在口上，他們並不為了友誼而互相要求點什麼，而是彼此為對方做一切辦得到的事。—— 別林斯基

除了一個真心的朋友之外，沒有一樣藥劑是可以通心的。——培根

缺乏真正的朋友乃是最純粹最可憐的孤獨；沒有友誼則斯世不過是片荒野。——培根

鳥需巢，蛛需網，人需友情。——布萊克

親善產生幸福，文明帶來和諧。——雨果

應當在朋友正是困難的時候給予幫助，不可在事情已經無望之後再說閒話。——伊索

人與人之間的相互關係中對人生的幸福最重要的莫過於真實、誠意和廉潔。——富蘭克林

友誼也像花朵，好好地培養，可以開得心花怒放，可是一旦任性或者不幸從根本上破壞了友誼，這朵心上盛開的花，可以立刻萎頹凋謝的。——大仲馬

◆ 同情

心心相印的人，在悲哀之中必然會發出同情的共鳴。——莎士比亞

憐憫是一筆借款，為小心起見，還是不要濫用的好。——羅曼·羅蘭

同情是把兩面有刃的利刀，不會使用的人最好別動手。——褚威格

陪著哭泣的人流淚，多少會使他感到幾分安慰，但若滿心的怨苦被人嘲笑，卻是雙重的死刑。——莎士比亞

無論你的悲傷有多深切，也不要期望同情，因為同情本身包含了輕蔑。——柏拉圖

通過同情去理解並且經受別人的痛苦，自己也會內心豐富。——褚威格

渴望得到同情是一種自我陶醉，而且是一種使鄰人破費的自我陶醉。——尼采

同情在中和酸性的狂暴感情上，有很大的化學價值。明天你所遇見的人中，有四分之三都渴望得到同情。給他們同情吧！他們將會愛你。——卡內基

如果你憐憫他們的淺薄，你就不會再為他們的行為而氣惱。——羅曼·羅蘭

過多的同情是錯誤的。當然，過少的同情更是錯誤的，在這方面就像其他任何事情一樣，走極端都是不好的。——羅素

每個人都有為世人所不知的隱憂，而我們常把那些僅僅是憂傷的人誤解成冷漠的人。—— 朗費羅

「諷刺」和「憐憫」是一對善良的忠告者。前者含著微笑使人生可愛，而後者噙著淚水使人生神聖。—— 法朗士

在知識中，事物與觀念之間存在著一種對立。相反的，同情繁殖相同的感情。—— 赫爾巴特

◆ 快樂

快樂使身體無病，心靈無疾。—— 傑弗遜

曾經完全捨棄某些東西很久的人差不多可以想像得到一種極大的快樂 —— 當他意外地再度遇到自己發現過的東西 —— 而且這是每個發現者都會感受到的快樂！—— 尼采

如果一個人前面沒有任何的快樂，那他就不會生存在世界上。人的生活的真正刺激是明天的快樂。—— 馬卡連柯

心裡最好常常保持快樂，這樣就能防止有病，延長壽命。—— 莎士比亞

快樂不在於外，而在於心靈，既可以在任何地方獲得，也可能在任何地方得不到。—— 賀拉斯

快樂的心情使一碟菜成為盛宴。—— 赫伯特

快樂既然是人類和獸類所共同追求的東西，所以從某種意義上說，它就是最高的善。—— 亞里斯多德

歡娛是短暫的，它有一張多變的臉。—— 布朗

沒有快樂的地方，人類的生存徒然變得瘋狂而可憐。—— 桑塔亞那

我們所謂的快樂是指身體的無痛苦和靈魂的無紛擾。—— 伊比鳩魯

要想別人快樂，自己先得快樂。要把陽光散布到別人的心田裡，先得自己心裡有陽光。—— 羅曼·羅蘭

快樂並非目的，而是人生旅途中的一種態度。—— 倫貝克

歡樂可言的，一種純粹的歡笑只有在行善時才能得到。—— 尼采

不是一切快樂，只有正直高尚的快樂才能構成幸福。—— 摩爾

快樂沒有本來就是壞的，但是有些快樂的產生者卻帶來了大許多倍的

煩憂。── 伊比鳩魯

愚人追尋快樂於遠方；智者卻把它種植在腳下。── 歐本海默

人的才能就在於使生活快樂，在於用燦爛的色彩，使他生活的陰暗環境明亮起來。── 伊巴涅斯

快樂是一種奢侈。若要品嘗它，絕不可缺的條件是心無不安。心若不安 ── 即使稍受威脅，快樂就立刻煙消雲散。── 司湯達

所有快樂中，最偉大的快樂存在於對真理的沉思之中。── 阿奎那

人類最快樂的思想之一就是想到有人需要自己，想到他很重要，很有能力，能幫助別人得到更多的快樂。── 麥斯威爾·馬爾茲

笑實在是仁愛的象徵，快樂的泉源，親近別人的媒介；有了笑，人類的感情就溝通了。──雪萊

心情愉快是肉體和精神的最佳衛生法。── 喬治·桑

對有血有肉的人來說，眼前的快樂比模糊不清的未來美景更具有吸引力。── 約翰·德萊頓

人生的真正快樂，是致力於一個自己認為是偉大的目標。── 蕭伯納

快樂並不總是幸運的結果，它常常是一種德性，一種英勇的德性。── 史蒂文生

我愈來愈相信，我們快樂與否，多憑賴於我們面對生命的事件的方式而定，而很少決定於那些事件自身的性質。── 赫伯特

你可知道，只要下決心你就會快樂 ── 而且對它執著不移 ── 你便會快樂下去。快樂依憑於你的心理狀態，而不在於你的財產或成就。── 卡內基

情感如果僅僅是自然的，就不能給心靈以愉快的感受。── 休謨

快樂的生活很大程度上是寧靜的生活，因為真正的歡樂只有在寧靜的氣氛中才敢駐足。── 羅素

悲傷可以自行料理；而歡樂的滋味如果要充分體會，你就必須有人分享才行。── 馬克·吐溫

生活樂趣的大小是隨我們對生活的關心程度而定的。── 蒙田

生命的潮汐因快樂而漲，因苦痛而退。── 史賓賽

人生是這樣易於變幻，當快樂在我們前面的時候，我們總應該及時抓住它。—— 大仲馬

歡樂不需要信仰和排場，也不需要豪言壯語，它自己就是一切。—— 巴爾札克

我所知道的最大快樂是暗地裡做一件好事，而偶然地被發現。—— 左拉

喜悅中應包含著煩惱，而煩惱中也應該有喜悅。—— 歌德

人們對於所愛的東西失而復得，比保持不失感到更大的快樂。—— 奧古斯丁

倘若你一味追求快樂，只會越來越承受運氣和偶然性的擺布，屈從於外物的支配，這樣，一件不測之事就可能突然奪走你的一切。—— 休謨

充滿著歡樂與戰鬥精神的人們，永遠帶著快樂，歡迎雷霆與陽光……—— 赫胥黎

◆ 痛苦

痛苦這把利刀一方面割破了你的心，一方面掘出了生命的新的水源。—— 羅曼·羅蘭

生命是建築在痛苦之上的，整個生活貫穿著痛苦。—— 羅曼·羅蘭

一切痛苦能夠毀滅人，然而受苦的人也能把痛苦消滅！—— 拜倫

在任何情況下，遭受的痛苦越深，隨之而來的喜悅也就越大。—— 奧古斯狄尼斯

幻想出來的痛苦一樣可以傷人。—— 海涅

不管處境如何，女人的痛苦總是比男人多，而且程度也深。—— 巴爾札克

一點小小的痛苦就足以破壞我們所享受的一切。—— 萊布尼茲

有了精神上的痛苦，肉體的痙變得不足道了；但因為精神的痙是肉眼看不見的，倒反不容易得到人家同情。—— 巴爾札克

人和人之間，最可痛心的事莫過於在你認為理應獲得善意和友誼的地方，卻遭受了煩擾和損害。—— 拉伯雷

世界以它的痛苦同我接吻，而要求歌聲作報酬。—— 泰戈爾

受苦是生命的實體，也是人格的根源，因為唯有受苦才能使我們成為真正的人。——烏納穆諾

人生是各種不同的變故、迴圈不已的痛苦和歡樂組成的。——巴爾札克

即使我們幸運地遠離了痛苦，我們便靠近厭倦；若遠離了厭倦，我們便又會靠近痛苦。——叔本華

忍受痛苦要比接受死亡需要更大的勇氣。——拿破崙

如果說極度的痛苦由於時光的消逝而有所減輕的話，那麼，取而代之的則是永久的憂鬱了。——托爾斯泰

如果一個人說，看哪！我痛苦——顯然他並不在受痛苦，因為悲傷是暗啞的。——愛默生

我們這些具有無限精神的有限的人，就是為痛苦和歡樂而生的，幾乎可以這樣說，最優秀的人物通過痛苦才得到快樂。——貝多芬

只有在他感到歡喜或苦痛的時候，人才認識到自己；人也只有通過歡喜和苦痛，才學會什麼應追求和什麼應避免。——歌德

一個人如果從來沒有參觀過痛苦的展覽所，那麼他只看見過半個宇宙。——愛默生

人類總愛和自己鬧對立，他自己目前的痛苦哄騙自己的希望，又用並不屬於自己的前程，來欺騙目前的痛苦。——巴爾札克

痛苦總是守在歡樂旁邊。——雨果

痛苦、失望和悲傷不是為了使我們發怒、自暴自棄和墮落沉淪，而是使我們成熟和清醒。——黑塞

◆ 恐懼

沒有人能夠使別人感到恐懼，自己卻享受著內心的平靜。——塞內卡

在恐懼的重壓下，任何強大的力量都是不能持久的。——西塞羅

希望和恐懼不可分離，沒有希望就沒有恐懼，沒有恐懼亦沒有希望。——拉羅什富科

人們在受恐懼心情支配的時候，他們所作出的決定是多麼荒誕可笑啊！凡是理智向他們提供的辦法，都給恐懼的心情所抵消了。——笛福

恐懼不僅產生於勇氣的缺乏，有時也會產生於判斷力的缺乏。——蒙田

誰能戰勝痛苦和恐懼，他自己就能成為上帝。—— 杜斯妥也夫斯基

人之所以迷信，只是由於恐懼；人之所以恐懼，只是由於無知。—— 霍爾巴赫

只要下定決心克服恐懼，便幾乎能克服任何恐懼。因為，請記住，除了在腦海中，恐懼無處存身。—— 卡內基

不曾恐懼過的人，不會抱有任何希望。—— 庫柏

恐懼對人的傷害比疾病更嚴重。—— 喬·赫伯特

一個人可以摧毀自己心中的一切：愛、恨、信仰，甚至懷疑。但是只要他仍在生活，他就無法摧毀恐懼。—— 康拉德

勝利所帶來的最好之事，莫過於解除了勝利對失敗的恐懼感。—— 尼采

誰不經常克服自己的恐懼心理，誰就領悟不到生活的真諦。—— 愛默生

人的本性總是容易相信我們所希望的東西，而難於相信我們所恐懼的東西，每每不是把它過於看重，就是把它過於看輕。各式各樣的到處

惑亂人心的迷信，就是這樣發生的。—— 斯賓諾莎

要克服恐懼和憂慮，請保持忙碌。—— 卡內基

恐懼心理比任何東西更有害於創造力的發揮。—— 司湯達

凡是發生過悲劇的地方，恐懼和憐憫就留在那裡。—— 雨果

許多人正是由於恐懼才不惜和敵人講親善。—— 伊索

恐懼是迷信的最早祖先，而每發生一次新的災難，都會促使渾身顫抖的凡人祈求他們看不見的敵人息怒。—— 吉朋

如果不對宇宙的本質有所揭示，就不能消除對最重要的現象的恐懼。—— 伊比鳩魯

最具有毀滅性、最不可控制的恐懼就是莫名其妙的恐懼。因為，別的恐懼只是沒有理由而已，而這種恐懼卻是喪失了理智。—— 塞內加

在危險之外懼怕死亡，而身臨其境時卻不懼怕。這就是所謂人。—— 帕斯卡

畏懼產生諂媚，而絲毫不能產生善意。—— 德謨克利特

◆ 憤怒

憤怒以愚蠢開始，以後悔告終。—— 畢達哥拉斯

憤怒對別人有害，但憤怒時受害最深者乃是本人。—— 托爾斯泰

臉上的憤怒神色完全是毀壞生命的。如果它常常出現，美貌便開始枯萎，最終便一去不復返了。—— 奧理略

習慣性的憤怒必定會導致自我憐憫，那又是人所養成的最壞習慣。—— 麥斯威爾·馬爾茲

憤怒，就精神的配置序列而論，屬於野獸一般的激情。它能經常反復，是一種殘忍而百折不撓的力量，從而成為兇殺的根源，不幸的盟友，傷害和恥辱的幫兇。—— 亞里斯多德

屈從於憤怒，常常就是為他人的罪過向自己復仇。—— 史威夫特

對應發怒的事物發怒，對應發怒的人發怒，當該發怒時發怒，只要人們這樣做，就該受到讚揚。—— 亞里斯多德

憤怒不能同公道共處，正如鷹不能同鴿子和平共處一樣。—— 普魯斯特

在人含怒時千萬要注意兩點：第一不可惡語傷人，第二不可因怒而輕泄隱祕。—— 培根

怒氣有如重物，將在它所墜落之處破碎。當爭端發生，我們一旦感到憤怒，已經不是為了真理，只是為了爭論本身了。—— 卡萊爾

人要是發脾氣就等於在人類進步的階梯上倒退了一步。—— 達爾文

憤怒中仍保持溫和的人，確實更有頭腦。—— 普拉圖斯

憤怒和悲哀一樣，也是一種軟弱。—— 馬可·奧理略

人生中最重要的行動往往就從盛怒中萌芽、產生。—— 巴爾札克

動輒發怒是放縱和缺乏教養的表現。—— 普魯圖斯

發一次怒對身體的損害，比發一次熱還要厲害。—— 大仲馬

當你被激怒時，應努力在憤怒的同時給對手以蔑視，但不可在憤怒中表現出畏懼。—— 培根

無能者的唯一安慰是惱火。—— 車爾尼雪夫斯基

◆ 煩惱

只有煩惱才是最具正確意義的，因為它能使人謙遜。—— 伏爾泰

煩惱是心智的沉溺。—— 富蘭克林

苦惱是面對朋友的幸運而產生的一種疾病。—— 比爾斯

為什麼要躲避我們不能躲避的事情？人誰沒有苦痛，但懦夫們的呻吟只是自己心理造成的可怕的夢境。—— 拜倫

苦苦地去做根本就不可能辦到的事，會帶來混亂和苦惱。—— 狄更斯

一般地說，艱苦的生活一經變成了習慣，就會使愉快的感覺大為增加，而舒適的生活將會帶來無限的煩惱的。—— 盧梭

經得起各種誘惑和煩惱的考驗，才算達到了最完美的心靈的健康。—— 培根

煩惱是其他動物所不知的一種痛苦的形式。—— 叔本華

當你遭到挫折而感到憤悶抑鬱的時候，一席傾訴可以使你得到疏導。—— 培根

人們之所以常常感到煩惱，就是因為他們總在尋求自我。力求成為自我，在任何時候都忠於自我，為求達到內心的和諧。—— 高爾基

只要是人，誰也無法了無煩憂，平靜無事地過完一生。—— 埃斯庫羅斯

世界上最奇怪的事情是，小小的煩惱，只要一開頭，就會漸漸地變成比原來厲害無數倍的煩惱。—— 馬克·吐溫

第八篇　婚姻、愛情篇

◆ 愛情

愛情無孔不入，它不僅能鑽進敞開著的心扉，而且能鑽進戒備森嚴卻偶有疏忽的方寸。——培根

真誠的愛情的結合是一切結合中最純潔的。——盧梭

在愛情上，一切都是真的，一切都是假的。在這個問題上，誰也不會顯得荒謬。——尚福爾

愛情的歡樂雖然是甜美無比，但只有在光榮與美德的地方才能生存。——古爾內爾

人類的天性由於愛情而格外敏感，因為是敏感的，所以會把自己最珍貴的部分貢獻給所愛的事物。——莎士比亞

如果我們沒有愛過頭，說明我們愛得還不夠。——埃斯庫羅斯

在愛情產生時，情人們談論未來。在愛情衰退時，他們談論過去。——莫洛亞

為品德而去眷戀一個情人，總是一件很美的事。——柏拉圖

一種真心的愛慕發出的時候，常常激起別人的愛慕。——但丁

純潔的愛情是人生中的一種積極的因素，幸福的泉源。——薄伽丘

愛不受時光的撥弄，儘管紅顏和皓齒難免遭受時光的毒手；愛並不因瞬息的改變而改變，它巍然矗立直到末日的盡頭。——莎士比亞

在這個只有兩個人有份的特殊恩賜之中，相互間有一種特別甜蜜的愛，是不能用筆墨用言語來表現的。——赫爾岑

生命因為付出了愛情，而更為富足。——泰戈爾

愛情是這樣看待時間的：一小時等於一月，一天等於一年；每個小小的離別是多麼漫長的歲月。——約翰·德萊頓

愛情激蕩著活躍的情緒，它可以使死亡的心復活，它可以使沙漠裡有人居住，它可以使愛人的幻影重新顯現……——大仲馬

愛一個人意味著什麼呢？這意味著為他的幸福而高興，為使他能夠更幸福而去做需要做的一切，並從這當中得到快樂。——車爾尼雪夫斯基

愛可以戰勝死亡和對死的恐懼。只有愛才能使生命維持和延續下

去。 —— 屠格涅夫

如果我的生命中沒有智慧，它僅僅會黯然失色；如果我的生命中沒有愛情，它就會毀滅。 —— 亨利·德·蒙泰朗

高尚的生活是受愛激勵並由知識導引的生活。 —— 羅素

在感情的世界裡，儘管關山阻隔，情高意真的人自會是心有靈犀。 —— 褚威格

愛情應當使人的力量的感覺更豐富起來，並且愛情的確正在使人豐富起來。 —— 馬卡連柯

愛就是充實了生命，正如盛滿了酒的酒杯。 —— 泰戈爾

愛能彌補長久記憶的闕如。其餘一切感情都需要有一個過去，唯獨愛情能像施巫術一樣創造出一個過去轉繞著我們。 —— 邦雅曼·康斯坦

沒有什麼比戀愛的煩惱更甜蜜；沒有什麼比戀愛的嘆息更快樂；沒有什麼比戀愛的痛苦更愉快；沒有什麼比死於戀愛更幸福。 —— 阿倫特

這世界要是沒有愛情，它在我們心中還會有什麼意義，這就如一盞沒有亮光的走馬燈。 —— 歌德

如果缺少了愛，一切的美妙景象都將黯然無光。 —— 岡察洛夫

時間、武力、死亡，盡你們把我的身體怎樣摧殘吧；可是我的愛情的基礎是這樣堅固，就像吸引萬物的地心，永遠不會動搖。 —— 莎士比亞

愛情是生命的火花，友誼的昇華，心靈的吻合。如果說人類的感情能區分等級，那麼愛情該是屬於最高的一級。 —— 柏拉圖

追求美而不褻瀆美，這種愛是正當的。 —— 德謨克利特

愛情要達到完滿境界，就必須聯繫到全部意識，聯繫到全部見解和旨趣的高貴性。 —— 黑格爾

初萌的愛情看到的僅是生命，持續的愛情看到的是永恆。 —— 雨果

愛富有神祕的和自發的魅力，它是無緣無故的，不顧一切的和輕率冒失的。愛的王國籠罩著令人茫然的迷霧。 —— 瓦西列夫

愛情在舞臺上，要比在人生中更有欣賞價值。因為在舞臺上愛情既是喜劇也是悲劇的素材，而人生中，愛情常常招致不幸。 —— 培根

只有真正的和持久的愛情，只有當愛情使他們產生了一種堅定的決心，使他們本著堅貞不渝、堅忍不拔和始終如一的精神來履行彼此的職責，總之，只有他們處處為對方著想，愛情才會帶來幸福。── 狄更斯

最充實的愛是愉快與良好的願望這兩種因素不可分割的結合。── 羅素

愛情是不按邏輯發展的，所以必須時時注意它的變化。愛更不是永恆的，所以必須不斷地追求。── 柏楊

在一對戀人的心目中，愛人的名字高於一切。── 沃爾特·本耶明

對於戀愛無所期待的人，才能享受戀愛的真誠。── 席勒

在愛情中永遠沒有精神的安寧：因為一方已經占據的優勢不過是進一步欲望的新起點。── 普魯斯特

愛情似乎並不追求真正的完美，甚至還害怕它。它只因自己所想像的完美而欣喜，正像那些只能在自己的善行中發現偉大之處的國王一樣。── 尚福爾

真正的愛情像美麗的花朵，它開放的地面越是窮瘠，看來就格外悅眼。── 巴爾札克

一個身在熱戀中的戀人如果不善於控制自己的激情，那他的受苦至少是咎由自取。── 褚威格

愛情的快樂不能在激情的擁抱中告終。愛，必須有恆久不變的特質，要愛自己，也要愛對方。── 卡爾·波普爾

面貌的美麗當然也是愛情的一個因素，但心靈與思想的美麗才是崇高愛情的牢固基礎。── 契訶夫

男人在愛河裡保持獨自的特點。女人卻為愛而常常改變。戀愛中的女人，會變成另一個模樣。── 夏爾頓奴

愛情的意義在於幫助對方提高，同時也提高自己。

只有因為愛而變得思想明豁、雙手矯健的人，才懂得愛。── 車爾尼雪夫斯基

兩情若是久長時，又豈在朝朝暮暮。── 秦觀

沒有太陽，花就不能開放，沒有愛

情，就沒有幸福；沒有女性，就沒有愛情；沒有母親，就沒有詩人和英雄。—— 高爾基

愛情的代價就是如此，不能得到回愛，就會得到一種深藏於心的輕蔑，這是一條永真的定律。—— 培根

戀愛雖然不是遊戲，但對戀愛的態度豁達一點是聰明的。—— 哈里遜

愛的語言將使你感到歡樂，而不是使你迷醉，你固然要做一個有感情的人，但也要做一個睿智的人。—— 盧梭

如果真正的愛情起了破壞家庭的作用，成了別人不幸的根源，那麼對這種愛情來說，不可能有其他出路，而只能犧牲自己，服從道德的義務。—— 沃羅比約夫

一切真正的愛情的基礎都是互敬。—— 維利爾斯

愛情和火焰一樣，沒有不斷的運動就不能繼續存在，一旦它停止希望和害怕，它的生命也就停止了。—— 拉羅什富科

愛情不僅僅是一種情感，而且還是陰陽兩極的相互吸引，是一對永恆

的矛盾，是宇宙中一個偉大而神奇的規律。—— 尤·留利柯夫

強制和愛情是不能融合在一起的，要命令一方給予快樂是辦不到的。—— 盧梭

只有經得起別離的痛苦才能是真正的愛情。—— 托爾斯泰

世界上還沒有治癒愛情的良藥，除了愛得更深。—— 梭羅

◆ 戀愛

戀愛原是一種可以提高生命價值的很華貴的東西。—— 艾利斯

最熱烈的戀人也會保留一塊私人領地 —— 他的愛不會如此強烈或輕浮，以致不存在將某種不利於愛人的判斷洩露出去的危險。—— 梭羅

戀愛除了給人在心理上的積極作用外，還可因男女雙方間情感上的交流及相互關懷而打破人與人的孤獨和疏遠感。—— 佛洛伊德

戀愛是人生永久的音樂，它給青年以燦爛的光輝；給老人以聖潔的靈光。—— 塞謬爾·斯邁爾斯

戀愛以無限的方法使我們快樂。除了奪去我們的平安以外。── 約翰‧德萊頓

最熱烈的戀愛，會有最冷淡的結局。── 蘇格拉底

文明人的戀愛，委實是非常有雜質而又複雜的東西，所以實質上並不健康。── 史特林堡

戀愛總比婚姻更令人愉快，恰似小說總比歷史更令人愉快。── 尚福爾

在戀愛中的人們，越是到處宣揚著他們的愛情的，他們的愛情越是靠不住。── 莎士比亞

戀愛這種體驗，是人類天賦的最大幸福之一。── 蘇格拉底

戀愛是人類追求幸福的一種較合理的方法。── 佛洛伊德

戀愛是艱苦的，不能期待它像美夢一樣到來。── 拜倫

有人說，女人是用耳朵戀愛的。可男人如果會產生愛情的話，卻是用眼睛來戀愛的。── 奧斯卡‧王爾德

凡思考戀愛是什麼的人，他已經不會戀愛。── 羅曼‧羅蘭

戀愛不是慈善事業，所以不能慷慨施捨。── 蕭伯納

戀愛是戴著眼鏡看東西的，會把黃銅看成金子，貧窮看成富有，眼睛裡的斑點看成珍珠。── 賽凡提斯

戀愛必像狡兔，若即若離，半推半就，才是引誘獵人追隨不舍的好方法。── 毛姆

很少有人在戀愛過後為自己曾經戀愛過感到羞愧。── 拉羅什富科

愛的力量是和平，從不顧理性、成規和榮辱，它能使一切恐懼、震驚和痛苦在身受時化作甜蜜。── 莎士比亞

戀愛是生命的開始，也是生命的終結。── 司各特

戀愛是青春期開放出的一朵情緒之花。── 拜倫

戀愛的人去赴他情人的約會，像一個放學歸來的兒童，可是當他和情人分別的時候，卻像上學去一般滿臉懊喪。── 莎士比亞

◆ 初戀

初戀的芬芳在於它是熱烈的友情。── 赫爾岑

一種真心的愛慕發出的時候，常常激起別人的愛慕。── 但丁

初戀 ── 那是一場革命：單調、正規的生活方式剎那間摧毀和破壞了。── 屠格涅夫

人們之所以對初戀感到神祕，是因為不知道愛情遲早要終止。── 迪斯雷利

初戀是最美好的戀情，你風華正茂，她嫵媚妖嬈，整個世界都是你們的。── 毛姆

初戀時，女人愛的是人，而這以後，她們愛的只是情。── 拉羅什富科

初戀是唯一的戀愛：因為在第二次戀愛中和經過第二次戀愛，戀愛的最高意義已失掉了。── 歌德

初萌的愛情看到的僅是生命，持續的愛情看到的是永恆。── 雨果

毫無經驗的初戀是迷人的，但經得起考驗的愛情是無價的。── 瑪律林斯基

初期的愛情只需要極少的養料！只須彼此見到，走過的時候輕輕碰一下，心中就會湧出一股幻想的力量，創造出她的愛情。一點極無聊的小事就能使人銷魂蕩魄。── 羅曼·羅蘭

呵，世上沒有一樣東西及得上初戀 ── 愛情初展的柔翼 ── 那麼神聖！── 朗弗羅

普通的花卉必須經過相當時間的栽培才會吐露芬芳，愛情的花朵更不會突然開放，所以一見鍾情的愛是靠不住的。── 莫泊桑

幸好初戀的狂熱不會發生第二次。那確實是種狂熱；另外，不管詩人怎麼描寫，初戀同時又是一種負擔。── 黛芬妮·杜穆里埃

男人經常希望自己是女人初戀的對象，女人則希望成為男人最後的羅曼史。── 王爾德

戀愛之始，好像親釀的葡萄酒發酵，而隨著歲月的流逝，它將變得清澈而又平靜。── 安吉勒斯

初戀不過是一分傻氣加上九分好奇而已。── 蕭伯納

初戀總是很羞怯的。── 拜倫

◆ 熱戀

一個熱戀的人，本能地會在他天然的優點之上增加許多後天的魅力。—— 安德列·莫洛亞

當我們在戀愛中時，總想儘量隱藏自己的缺點，這並不是由於虛榮的緣故，而是擔心所愛的人會苦忙。——尼采

在戀人的腦海裡，他總是把自己的意中人擺在這座金字塔的最高峰，把她看成是從未有過的理想者，任何人都不能與之媲美。—— 瓦西列夫

一種真心的愛慕發出的時候，常常激起別人的愛慕。—— 但丁

在熱戀中，世界上的萬物都會在人的心目中失去其原有的面貌。一位毫不出眾的女性會變得同維納斯女神一樣美妙絕倫，神采飄逸。——尤里·留利柯夫

世上沒有什麼東西能像愛情那樣鼓起年輕人的勇氣。——左拉

在我們所有的感情中，最令人迷惑與神魂顛倒的，就是愛情與嫉妒。——盧梭

兩顆相愛的心靈自有一種神祕的交流：彼此都吸收了對方最優秀的部分，為的是要用自己的愛把這個部分加以培養，再把得之於對方的還給對方。—— 羅曼·羅蘭

真正的愛情是不能用言語表達的，行為才是忠心的最好說明。——莎士比亞

歡樂中培養起來的愛情靠不住，在悲傷中產生的愛情才最可靠。——摩爾

即便用二十把鎖，把「美」牢牢地鎖在密室，「愛」也照舊能把鎖個個打開而斬關直入。—— 莎士比亞

凡是真實的愛，都是充滿著熱情的，其所以那樣的充滿熱情，是因為在想像中始終存在著一個真正的或虛幻的完美的物件。—— 盧梭

◆ 失戀

對男人來說，失戀可能會帶來某些痛苦，它傷害脆弱者的心靈，毀掉幸運者的前途；但倘若他是個有活力的人，他的苦惱就可在各種事務的忙碌中得到解脫。—— 華盛頓·歐文

假如生活欺騙了你，不要憂鬱，也不要憤慨。不順心時暫時克制自己，相信吧，快樂之日就會到來。我們的心兒憧憬著未來，現今總是令人悲哀，一切都是暫時的，轉瞬即逝，而那逝去的將變得可愛。—— 普希金

我們從未像在戀愛中那樣易受傷害；也從未像失去戀愛或它的愛那樣變得難以治癒的傷感。—— 佛洛伊德

愛著一個不再愛你的人是很難受的，但被一個你不再愛的人所愛，更加糟糕。—— 庫特林

情場失意，不可以報復。該知道戀愛和打仗同是爭奪：兵不厭詐，戀愛也可以出奇制勝，只要不損害情人的體面。—— 賽凡提斯

誰要是在愛情上遭到波折，他心靈上引起的那種苦惱，就會使他把一切需要花費精力的事都當作可怕的負擔。—— 司湯達

除了單相思的悲劇外還有人因為愛情曾經是可能的，而終於未能實現的痛苦。——瓦西列夫

一旦愛情進入低潮，生命的狂流也趨於枯竭。他們只感到憔悴、空虛。—— 羅曼·羅蘭

◆ 相思

相會的日子已經過去，但願永留甜蜜的回憶。—— 哈菲茲

一個人可以憑藉連續不斷的思念和持久不變的渴望，讓遠方的戀人的心靈越過崇山峻嶺，渡過大海重洋而來相聚！—— 伏泰利格拉斯

人在相愛的時候，最美妙的是緘默的時刻。在這個當口，他好像在把愛情堆積起來，然後爆發成甜蜜的碎片。—— 雨果

人在痛苦時最傷心的事莫過於回顧昔日的幸福。—— 繆塞

相思相見知何日，此時此夜難為情。—— 李白

夜幕降臨，鐘聲悠悠；時光已逝，唯我獨留。—— 阿波爾奈利

幻想中的愛情比現實中所體驗的要美得多。—— 巴烏斯托夫斯基

心愛的人不在身邊，使戀人們時時思念悲嘆，使他們感到莫大的痛苦，可是沒有什麼比短暫的離別更有益於加深相互的情意了。——休謨

◆ 婚姻

婚姻是兩個人精神的結合，目的就是共同克服人世的一切艱難、困苦。——高爾基

婚姻是要聯合兩個完整的獨立個體，不是一個附和，不是一個退路，不是一種逃避或一項彌補。——西蒙·波娃

既然婚姻可以實現它的可能性，丈夫和妻子都必須明白，無論法律如何規定，他們在自己的私生活中必須是自由的。——羅素

美滿姻緣是生活中甜蜜的聯合，充滿堅貞、忠誠，以及難以計數的有益和牢靠的幫助及相互間的義務。——蒙田

所有婚姻都是快樂的。只是後來的共同生活才會引起麻煩。——雷蒙·赫爾

婚姻的幸福並不完全建築在顯赫的身分和財產上，卻建築在互相崇敬上。這種幸福的本質是謙遜和樸實的。——巴爾札克

婚姻的悲劇，如同其他許多悲劇一樣，在於一個人所看到的對方的一切並非全部都是事實。——莫洛亞

婚姻就像一把剪刀，兩片刀鋒不可分離，雖然使用的方向相反，但是對介入其中的東西總是聯合起來對付。——史密斯

兩個相愛的人，用一種深刻而虔敬的愛情相愛的人的結合，是人生最大的幸福。——羅曼·羅蘭

幸福的婚姻不僅需要交流思想，也要感情交流，把感情關在自己心裡，也就把妻子推到自己的生活之外了。——奧斯本

我不僅把婚姻描寫為一切結合之中最甜蜜的結合，而且還描寫為一切契約之中最神聖不可侵犯的契約。——盧梭

沒有真正的愛情的婚姻，是一個人墮落的起點。——海明威

一個人的婚姻可以決定一個人一生的命運，所以必須用充分的時間去考慮它。——盧梭

婚姻一開始兩方面就不能以身心赤誠相愛，一旦瓦解起來也就比什麼都快。——佛洛伊德

婚姻就是兩個相愛的強者同舟共濟，以便一道戰勝歲月征途上的風風雨雨。——紀伯倫

婚姻的價值並不是以它給予了多少快樂或以它所持續的時間長短為標準。—— 納旦尼爾‧布拉登

婚姻的唯一偉大之處，在於唯一的愛情，兩顆心的互相忠實。—— 羅曼‧羅蘭

婚姻必須首先出於依戀之情，如果您願意，也可以說是出於愛情，如果有了這種感情，只有在這種情況下，婚姻才可能說是神聖的。—— 托爾斯泰

婚姻產生人生，愛情產生快樂，快樂消滅了，婚姻依舊存在，且誕生了比男女結合更可寶貴的價值。故欲獲得美滿的婚姻，只須具有那種對於人類的缺點加以寬恕的友誼便夠。—— 巴爾札克

在婚姻中，每個人都要付出代價，同時也要收回點什麼，這是供求規律。—— 羅曼‧羅蘭

婚姻是一種非常高的思想，它的解決需要我們做出許多的努力和創造活動，不是身心健康的人是很難負起這個重擔的。—— 阿德勒

婚姻絕非如羅曼蒂克的人們所想像的那樣，而是建築於一種本能之上的制度，且成功的條件不僅要有肉體的吸引力，且也得要有意志、耐心、相互的接受和容忍。—— 莫洛亞

結婚後夫婦間的關係並不是單方面的要求和給予，必須各盡所能，各得其所，才可能發揮到極致。—— 蕭伯納

信任是婚姻關係中兩個人所共用的最重要的特質也是建立愉快的、成長的關係所不可或缺的。—— 尼娜‧歐尼爾

只有愛情才能使婚姻神聖，只有使愛情神聖的婚姻才是真正的婚姻。—— 托爾斯泰

婚姻應該是兩方面的伴侶交誼，存心要長久，至少要支持到兒女長大的時候，不能認為是一種臨時的私情，隨完隨了的。—— 羅素

◆ 結婚

比較成熟的成年人知道，在索取愛的同時也要奉獻愛，婚姻可以說是滿足對方需要的共同契約。—— 奧斯本

愛是欲求與感情的調和，而結婚的幸福是來自夫妻間的「心有靈犀一點通」。—— 巴爾札克

互相研究了三周，相愛了三個月，吵架了三年，彼此忍耐了三十年——然後，輪到孩子來重複同樣的事，這叫做婚姻。——泰恩

我最顯赫的成就，不是別的，而是當年我說服了克萊蒂娜與我結婚，她是我一生中唯一的女人，沒有她我可能不會有任何成就。——溫斯頓·邱吉爾

年輕的時候，不妨多經一些戀愛生活，可讓熱情的火焰心裡燃燒，等到發展結婚條件相當的物件，再來過平靜的結婚生活。——羅尼爾

◆ 家庭

世界上最幸福的事情，就是擁有一個美滿的家庭，家庭的每一分子都應該和睦相處，而且彼此屬於對方。——維斯冠

家庭秩序和法律秩序一樣，不能自動成立，而是通過意志建立並維持下來的。——阿蘭

人生真正的幸福和歡樂浸透在親密無間的家庭關係中。——穆尼爾·納素夫

家庭是第一個源泉，偉大的愛國主義情感和信念的巨流是從這裡開始奔流的。——蘇霍姆林斯基

和睦的家庭空氣是世界上的一種花朵，沒有東西比它更溫柔，沒有東西比它更知道把一家的天性培養得堅強、正直。人生真正的幸福和歡樂，浸透在親密無間的家庭關係中。——德萊塞

人類社會始終希望不斷繁衍。它用持久不衰的感情代替性質短暫的歡樂，創造了人類最偉大的業績和各種社會的永恆基礎——家庭。——尤·柳里科夫

成了家的人，可以說對於命運之神付出了抵押品。因為家庭難免拖累於事業，使人的許多抱負難以實現。——培根

家庭是無可代替的，理由與婚姻一樣：因為它能使個人的本性發生社會的情操。——莫洛亞

家庭是學習舉止禮貌的好場所。如果你的孩子成人後有良好的舉止，這會使他們更加愜意舒適。——索菲婭·羅蘭

沒有進入一個家庭的內部，誰也說不準那個家庭的成員會有什麼難處。——珍·奧斯丁

對家庭的責任心不僅是對人類的一種約束，也是一種訓練。——培根

我相信家與外界社會決然不同的，它可以充滿愛、關懷及了解，成為一個人養精蓄銳的場所。——薩提爾

現代家庭的地位由於國家的作用大為降低，即使是最牢固的家庭也不例外。——羅素

家人之間，尤其在每個成員都忠心耿耿的家庭裡，誰也不會約束自己，誰也不戴面具。——阿蘭

家庭將永遠是人類社會的基礎。權力和法律的作用是從這裡開始的。——巴爾札克

第九篇　友誼篇

◆ 友誼

友誼！世界上有多少人在說這個詞的時候，指的是茶餘酒後愉快的談話和相互間對弱點的寬容，可是，這跟友誼有什麼關係呢？── 法捷耶夫

友誼是最純粹的愛。它是愛的最高形式，它不要求任何東西，它沒有任何條件。── 奧修

友誼是一種相互吸引的感情，因此它是可遇而不可求的。── 羅曼‧羅蘭

我們天生就像喜歡別的東西一樣喜歡友誼，這如同人類生來就厭惡孤獨，渴望社交一樣。── 塞內卡

友誼絕不是發生在當共同的愛好把兩人結成一夥，意欲得到一切榮譽的時候。為什麼呢？因為他們知道一切──特別是他們共同的挫折──都要兩人共同來承擔。── 古爾內爾

既然我們都是凡人，就不如將友誼保持在適度的水準，不要對彼此的精神生活介入得太深。── 歐里庇得斯

友誼是靈魂的結合，這個結合是可以離異的，這是兩個敏感、正直的人之間心照不宣的契約。── 伏爾泰

友誼往往是由一種兩個人比一個人更容易實現的共同利益結成的，只有在相互滿足時這種關係才是純潔的。── 史特林堡

如果說，友誼能夠調劑人的感情的話，那麼友誼的又一種作用則是能增進人的智慧。── 培根

單單一個有智慧的人的友誼，要比所有愚蠢的人的友誼還要有價值。── 德謨克利特

友誼是培養道德高尚的愛情學校，誰在青少年及少年的初期沒有學會真正交朋友，誰就體會不到愛情的全部幸福。── 蘇霍姆林斯基

友誼的一大奇特作用是：如果你把快樂告訴一個朋友，你將得到兩個快樂；而如果你把憂愁向一個朋友傾吐，你將被分掉一半憂愁。所以友誼對於人生，真像煉金術所要找的那種「點金石」。它能使黃金加倍，又能使黑鐵成金。── 培根

人與人的友情對人生是何等重要。得不到友誼的人將是終身可憐的孤獨者。沒有友情的社會則只是一片繁華的沙漠。── 培根

友誼能增進快樂，減輕痛苦；因為它能倍增我們的喜悅，分擔我們的煩憂。—— 愛迪生

友誼最致命的病患是逐步冷淡，或是嫌怨的不斷增長，這些嫌怨不是小得不足掛齒，就是多得無法排除。—— 詹森

虛偽的友誼有如你的影子：當你處在陽光下時，它會緊緊地跟著你，但你一旦走到陰暗處時，它立刻就會離開你。—— 培根

友誼是天堂，沒有它就像下地獄；友誼是生命，沒有它就意味著死亡，你在人間所做的一切，無一不是為了友情。—— 威·莫里斯

不僅應該在保持舊的、業已確立的友誼之中，而且應該在剛開始的、正在建立的友誼之中去尋求最大的快樂。已經得到一個朋友和實際上去交一個朋友，二者之間的區別同農夫的收割和播種之間的區別是一樣的。—— 塞內卡

在智慧提供給整個人生的一切幸福之中，以獲得友誼為最重要。—— 伊比鳩魯

我的朋友，別讓我的情誼成為你的負擔，須知樂即在於對人的深情厚誼裡。—— 泰戈爾

◆ 交友

在不幸中，有用的朋友更為必要；在幸運中，高尚的朋友更為必要。在不幸中，尋找朋友出於必需；在幸運中，尋找朋友出於高尚。—— 亞里斯多德

是朋友，就無需公正；如果公正，就必然缺乏友誼。公正的最高形式是鐵面無私。—— 亞里斯多德

我們想的是如何養生，如何加固屋頂，如何備齊衣衫；而聰明的人考慮的是怎樣選擇最寶貴的東西 —— 朋友。—— 亞里斯多德

我既然找不到一個完全獻身於我的朋友，我就必須有些能以其推動力克服我的惰性的朋友。—— 盧梭

如果我們想要克服寂寞，就必須脫離自憐的陰影，走入見新人、結交朋友的亮光中。—— 卡內基

朋友之間不應該存在隔閡。然而一旦產生隔閡，我們就應當力爭給人留下這樣的印象：你們之間的友誼之火似乎是燃盡的，而不是被人踏滅的。—— 西塞羅

朋友間如果不相互借款，友誼這種神聖的感情就永遠是甜蜜的、牢固的、忠實的，而且是經得起終生考驗的。——馬克·吐溫

一生中交一個朋友謂之足，交兩個朋友謂之多，交三個朋友謂之難得。——亨利·亞當斯

對年輕人來說，朋友是提醒他們不犯錯的謀士；對老年人來說，朋友是補充他們衰竭的體力、照顧他們生活困難的助手；對成年人來說，朋友是輔助他們完成宏偉事業的臂膀。——亞里斯多德

誰若自顧快走，你別和他結伴同走；誰若對你薄情，你別把他當做朋友。——薩迪

一個人在其人生道路中如果不注意結識真交，就會很快感到孤單。人應當不斷地充實自己對別人的友誼。——詹森

我們結友誼，應當選擇那些在危險時能夠在我們旁邊的作為同盟。——伊索

當一個朋友抱怨，即使是無理地抱怨時，也不能漠然視之，而是要試圖使他恢復冷靜。——馬可·奧理略

得一知己，把你整個的生命交托給他，他也把整個生命交托給你。——羅曼·羅蘭

當一個人面臨危難的時候，如果他平生沒有任何可信託的朋友，那麼我只能告訴他一句話——那就自認倒楣好了！——培根

助人為樂的人確實有。不過只有毫無嫉妒之心、能衷心祝願你幸福的人，才堪稱真正的朋友。——海涅

贏得朋友的全部祕訣就是不要擔心結果，不要擔心人家是否會喜歡我們，立即著手做那些將會激發愛和友情的事。——卡內基

戀愛需要讓人相信，友情需要讓人洞察。——鮑那爾

世上友誼本罕見，平等友情更難求。——培根

不論是多情的詩句，漂亮的文章，還是閒暇的歡樂，什麼都不能代替親密的友情。——普希金

能夠彼此琢磨性格和缺失時，將使友情更投機更穩定。——赫胥黎

友情與事業代表著人生兩大樂趣，而要想擁有這兩大樂趣，一是要開朗，一是要勤勞。——羅曼·羅蘭

在大自然裡培養出來的友情沒有功利，不計較得失，因而能發現彼此真正的好處，得到心靈上真正的交融。——羅曼·羅蘭

一個真正的朋友就是一份最珍貴的財產，而我們卻很少為了獲得這份財產而操心。——拉羅什富科

什麼是朋友？朋友就是你可以精誠相待的人。——弗·克蘭

世界上沒有比一個既真誠又聰明的朋友更可寶貴的了。——希羅多德

有了朋友，生命才顯出它全部的價值；一個人活著是為了朋友；保持自己生命的完整，不受時間侵蝕，也是為了朋友。——羅曼·羅蘭

朋友好比甜瓜。之所以這樣說，是因為要找到好吃的，先要吃一百個。——梅里美

「朋友」有時是一個缺乏意義的詞彙，而「敵人」卻不是這樣。——雨果

對人類有所研究的人說，世界上最難尋覓而又最易失去的是朋友。——韋伯斯特

朋友，一個可敬的人，從那時起他沒有一刻不分擔我所有的欣悅和煩惱。——羅曼·羅蘭

多一個真正的朋友，就多一塊陶冶情操的礪石，多一分戰勝困難的力量，多一個銳意進取的伴侶。——培根

人們急速成為朋友，但友誼是一種緩慢成熟的果實。——亞里斯多德

朋友間當遵守以下法則：不要求別人寡廉鮮恥的行為，若被要求時則應當拒絕之。——西塞羅

對於一個真心的朋友你可以傳達你的憂愁、歡悅、恐懼、希望、疑忌、諫諍，以及一切壓在你心上的事情，猶如一種教堂以外的懺悔一樣。——培根

連一個好朋友都沒有的人，根本不值得活著。——德謨克利特

能幫助人的朋友，應當猜透對方的思慮，在他尚未開口之前就幫助他。——莫洛亞

遠在天涯的朋友使世界變得如此廣袤，是他們織成了地球的經緯。——梭羅

大家把朋友這個名稱隨便濫用了，其實一個人一生只能有一個朋友。而這還是很少的人所能有的福氣，這種幸福太美滿了，一朝得而復失

的時候你簡直活不下去了。——羅曼·羅蘭

一個不是我們有所求的朋友才是真正的朋友，交友不是為了向對方索取什麼。——赫巴德

不要靠饋贈來獲得一個朋友。你須貢獻你誠摯的愛，學習怎樣用正當的方法來贏得一個人的心。——蘇格拉底

重要的不在於你是誰生的，而在於你跟誰交朋友。——賽凡提斯

◆ 社交

如果說是社交教會了我們怎樣生活，那麼該是孤獨教會我們怎樣去死了。——拜倫

我在社交活動中的做法就是對人和顏悅色。我認為這一點對所有的人都是適用的。——狄更斯

我們所知道的最好、最可靠、最有效而又最無副作用的興奮劑是社交。——愛默生

處在社交圈中是一個煩惱，而超脫出來又簡直是一場悲劇。——王爾德

每個人都知道別人在評判自己時會出誤差，而沒有意識自己在評判別人時也會出誤差。——莫洛亞

人的社交根本不是本能，也就是說，並不是為了愛社交，而是為了怕孤獨。——叔本華

人類的脆弱，使我們進入社交圈，共同的不幸，使我們的心互相聯結在一起。——尼采

進入社交界以後，千萬不能被任何事情衝昏頭腦，遇事要小心提防，特別要提防最討我歡心的事。——巴爾札克

人們稱之為「友愛」的，實際只是一種社交關係，一種對各自利益的尊重和相互間的幫忙，歸根結底，它只不過是一種交易，自愛總是在那裡打算著賺取某些東西。——拉羅什富科

如果你要別人喜歡你，或是改善你的人際關係；如果你想幫助自己也幫助別人，請記住這個原則：真誠地關心別人。——卡內基

人際關係在社會上是一種資本，若要它經久，就不得不節用。——托爾斯泰

不要讓自己的社交中的朋友們的固執己見產生和繼續下去，因為這種交談與其說是一種事務，不如說只應當是一種遊戲，應當通過一種適當插入的戲謔而將那種嚴肅認真避開。——康德

◆ 處世

沒有人在生活中能不與別人碰撞。他不得不以各種方式奮力擠過人群，冒犯別人的同時也忍受別人的冒犯。——卡萊爾

我們是幸福或是不幸，全取決於我們與之相比的是些什麼人。所以，最大的危險，就莫過於孤身獨處了。——歌德

一個溫柔的目光，一句由衷的話語，能使人忍受生活給他的許多磨難。——高爾基

我痛恨人們的忘恩，比之痛恨說謊、虛榮、饒舌、酗酒，或是其他存在於脆弱的人心中的陷入的惡德還要厲害。——莎士比亞

不要背後議論，免得被人當作謠言的製造者，因為不說話是不會傷人的，而說長道短則會招惹是非。——第·加圖

在真正的客人和閒串者之間要劃出一個界限。閒串者奪去你的大好時光，卻只留給你一個無聊。——查理斯·蘭姆

一個品德高尚、富有判斷力而且深思熟慮的人，不到大家都不吭聲時是不會開口的。——薩迪

對於正面的敵人，我總能應付，但是對於來自背後的狙擊，我卻總是不能保護自己。——麥克阿瑟

為一件過失辯解，往往使這過失顯得格外重大，正像用布塊縫補一個小小的洞，反而欲蓋彌彰一樣。——莎士比亞

對自我的留意，在要和人打交道的時候雖然是必要的，但在交往中卻必須不要顯露出來，因為那樣就會產生難堪（窘迫），或者是裝腔作勢（矯揉造作）。——康德

催趕想多待一會的客人和挽留想告辭的客人，同樣都是失禮的。——荷馬

把自己的缺點告訴你的朋友是莫大的信任，把他的缺點告訴他是更大的信任。——富蘭克林

因為你不願自己永遠被埋沒，你才

必須忍受暫時的被埋沒。不要因為看不見收穫而覺得不耐煩。——羅曼·羅蘭

不要瞧不起任何人，因為誰也不會懦弱到連自己受了侮辱也不能報復的。——伊索

嚴厲使人畏懼，粗暴使人憎恨。即使是上司的訓斥，也應是嚴肅的批評，而不該惡語傷人。——培根

「稱許要真誠，讚美要慷慨。」這樣人們就會珍惜你的話，把它們視為珍寶，並且一輩子都重複著它們——在你已經遺忘以後，還重複著它們。——卡內基

在我看來，舉止就像是心靈的衣裳，而且具備衣裳的特點。因為舉止應當合乎時尚，而不應稀奇古怪；它應在表現心靈美的同時又能掩飾其不足。——培根

只要你告訴我，你交往的是些什麼樣的人，我就能說出，你是什麼人。——歌德

不去注意別人散布的無聊和惡意的流言，否則就正好暴露了自己的弱點；同樣，也不要過於害怕違反那變動易逝的時髦。——康德

對人要和氣，可是不要過分狎昵。相知有素的朋友，應該用鋼圈箍在你的靈魂上，可是不要對每一個泛泛的新知濫施你的交情。留心避免和人家爭吵，可是萬一爭端已起，就應該讓對方知道你不是可以輕侮的。——莫里哀

如果你是對的，就要試著溫和地、技巧地讓對方同意你；如果你錯了，就要迅速而熱誠地承認。這要比為自己爭辯有效和有趣得多。——卡內基

一個機會可以失而復得，可是一句蠢話卻馴馬難追。——福樓拜

與旗鼓相當的對手論辯，勝敗難測；與強者論辯，實屬狂妄；與弱者論辯，有失身分。——塞內卡

不要預先講還未實現的事，因此說話要謹慎，以免給自己招致說話不算數的責罵。——康德

不論外表上顯得怎樣精明世故，人總有其純樸的人性的一面。——索爾·貝婁

人都把報答小恩小惠當做快事；許多人甚至去感謝那些中等的恩惠；然而，幾乎沒有一個人不是用忘恩

負義去回報大恩大德的。——拉羅什富科

不論是任何壞事，假如你想發現那做壞事的人，第一先得去發現誰能從那件事中取利。——大仲馬

對那些愛問這問那的人要敬而遠之，因為這些人也同樣很愛搬弄是非。——賀拉斯

◆ 禮節

他的談吐總是平易近人的，這種單純既掩飾了他對某些事物的無知，也表現了他的良好風度和寬容。——托爾斯泰

禮節比法律更重要，它那高雅的特性為自己築起了一道無法攻克的防護牆。——愛默生

禮貌使有禮貌的人喜悅，也使那些受人以禮貌相待的人們喜悅。——盧梭

禮節是所有規範中最微小卻最穩定的規範。——拉羅什富科

你要是看見朋友之間用得著不自然的禮貌的時候，就可以知道他們的感情已經開始衰落。——莎士比亞

禮貌像只氣墊：裡面可能什麼也沒有，但是卻能奇妙地減少顛簸。——詹森

禮貌和教養對於裝飾人類或其他一切優良品格和天資，都是必不可少的。沒有教養的文化人只能是浮誇的學究；沒有教養的哲學家只能是犬儒學者；沒有教養的士兵只能是歹徒。誰沒有教養誰就討人嫌。——賈斯特菲爾德

生活裡最重要的是禮貌，它比最高的智慧，比一切學識都重要。——赫爾岑

禮貌就是後天造就的好脾性，它彌補了天性之不足，最後演變成一種近似真美德的習慣。——傑弗遜

在語言交際中要善於找到一種分寸，使之既直爽又不失禮。這是最難又是最好的。——培根

當你思考準備說什麼的時候，就做出一副彬彬有禮的樣子，因為這樣可以贏得時間。——卡羅爾

生命是短促的，然而儘管如此，人還是有時間講究禮儀。——愛默生

禮貌出自內心，其根源是內在的，然而，如果禮貌的形式被取消，它

的精神與實質亦隨之消失。——約翰·霍爾

禮貌是兒童與青年所應該特別小心地養成習慣的第一件大事。——約翰·洛克

禮貌經常可以替代最高貴的感情。——梅里美

在人與人的交往中，禮儀越周到越保險，運氣也越好。——卡萊爾

◆ 寬容

心胸狹隘的人就像小口瓶子；裡面裝的東西越少，倒出時噪音越大。——蒲柏

只有勇敢的人才懂得寬容；懦怯的人絕不會寬容，這不是他的本性。——斯特恩

我們並不特別寬容向我們施捨的人，給我們餵飯的手總是處在某種可能被咬的危險之中。——愛默生

聰明人對於惡徒的無禮絕不可寬容。因為這對雙方都會有害；前者的威嚴受到損失，後者的氣焰將更為囂張。——薩迪

如果他能寬容別人的冒犯，就證

明他的心靈乃是超越了一切傷害的。——培根

你可以在書中讀到教我們饒恕我們的敵人的話，可是你永遠讀不到教我們饒恕我們朋友的話。——培根

為了使每個人都能表白他的觀點而無不利的後果，在全體人民中，必須要有一種寬容的精神。——愛因斯坦

如果從對一個罪人的懲罰中已不能得到任何好處，為什麼還要懲罰他呢？——狄德羅

要求別人寬恕自己過失的人，自己也應當這樣對待別人，這才是合乎情理的。——賀拉斯

別人最難寬容你的那些地方，是關於他們誹謗你的那些內容。——莫洛亞

為了不做濫施仁愛的傻子，我們就要注意，不要受有些人的假面具和私欲的欺弄，而變得太輕信和軟心腸。輕信和軟心腸其實常常是束縛老實人的枷鎖。——培根

生活過，而不會寬容別人的人，是不配受到別人的寬容的。但是誰能說自己是不需要寬容的呢？——屠格涅夫

能容忍究竟不能稱作功勞；但是不能容忍他人，卻是一種罪行。——雪萊

對於所受的傷害，寬恕比復仇更高尚，鄙視比雪恥更有氣派。——富蘭克林

在形式邏輯中，矛盾意味著錯誤；而在真正知識的發展中，它標誌著走向發展的第一步。這就是應當儘量容忍各種不同意見的一個重要理由。——懷海德

◆ 讚揚

讚揚，像黃金鑽石，只因稀少而有價值。——詹森

對一個高尚的人來說，在不恰當的地方，受到不恰當的人的讚美是一種最大的壞事。——本·強生

如果我們為人正直，工作勤奮，就會得到人們的稱頌；然而得到自己的讚許卻有百倍的意義。——馬克·吐溫

拒絕讚揚出自一種想被人讚揚兩次的欲望。——拉羅什富科

稱讚固可使人著迷，但也足以豁人！它正如混著蜜糖的毒酒，是為被判處死刑的人準備的。——高爾基

人們給予理智、美麗和勇敢的讚揚增加了它們，完善了它們，使它們作出了較它們原先憑自身所能作的貢獻更大的貢獻。——拉羅什富科

讚美好事是好的，但對壞事加以讚美則是一個騙子和奸詐的人的行為。——德謨克利特

時時用使人悅服的方法讚美人，是博得人們好感的好方法。記住，人們所喜歡別人加以讚美的事，便是他們自己覺得沒有把握的事。——卡內基

人們不需要讓別人欽佩：他們都是一樣的，都是平等的。重要的是他們做的事情。——薩特

我們愛聽讚揚，但卻配不上它；要想受之無愧，我們就必須熱愛讚美人和愛人。——羅傑斯

甚至在最好的、最友愛的、最單純的關係中，阿諛或稱讚也是不可少的，正如同要使車輪子轉得滑溜，膏油是不可少的。——托爾斯泰

讚揚對高貴者是鼓勵，對平庸者則是追逐的目標。——查·科爾頓

讚揚是一種精明、隱祕和巧妙的奉

承，它從不同的方面滿足給予讚揚和得到讚揚的人們。—— 拉羅什富科

讚美使人陶醉於以往的成功，因而常常裹足不前。唯有永無止境的進取，才能不斷地獲得新的成功。—— 亞瑟夫·阿迪生

善於作自我批評的人永遠受到信任，而好往自己臉上貼金的人是絕不會受到信任的。—— 蒙田

誇獎，只能糟蹋一個人。就是很堅定的人，如果誇獎得他失去知覺了，也可以使他離開正路。—— 尼古拉·奧斯特洛夫斯基

讚美令我羞愧，因為我暗自乞求得到它。—— 泰戈爾

有時頌揚會被拋擲在無用之地；更有時候頌揚反而會激起疑心，甚至惹人討厭，這是因為懂得頌揚而沒有掌握頌揚的處世藝術的緣故。—— 卡內基

我們總是愛讚揚我們的人而不愛為我們所讚揚的人。—— 蕭伯納

對美的事物作似是而非的讚頌，這無異於侮辱。—— 安格爾

讚美能使好人變得更好，使壞人變得更壞。—— 富勒

第十篇　生活篇

◆ 生活

生活是一輛永無終點的公共車，當你買票上車後，很難說你會遇見什麼樣的旅伴。 —— 愛默生

認識了生活的全部意義的人，才不會隨便死去，哪怕只有一點機會，就不能放棄生活。 —— 海涅

生活本身就是五花八門的矛盾集合 —— 有自然的也有人為的，有想像的也有現實的。 —— 泰戈爾

寧靜的生活不能和物質享受同時存在，歡樂與奢侈結合，兩者都遭到破壞。 —— 拜倫

生活從不簡單容易，即使你活在愉悅順遂的境遇中，你也會遇到你要克服的困難。 —— 柏拉圖

學會以最簡的方式生活，不要讓複雜的思想破壞生活甜美。 —— 彌爾頓

生活本身既不是禍，也不是福，它是禍福的容器，也看你自己把它變成什麼。 —— 蒙田

生活有時候就是這樣變幻莫測，一會是滿天雲霧，一轉眼間又現出鮮明的太陽。 —— 尼古拉‧奧斯特洛夫斯基

生活就是你的藝術作品。你已把自己創作了樂譜。你度過的歲月就是你寫下的抒情詩。 —— 王爾德

人最寶貴的東西是什麼？是生活，因為我們的一切歡樂，我們的一切幸福，我們的一切希望都和生活聯繫在一起。 —— 車爾尼雪夫斯基

如果我們不能建築幸福的生活，我們就沒有任何權利享受幸福，這正如沒人創造財富就無權享受財富一樣。 —— 蕭伯納

生活是爭取美好將來的一種奮鬥，是同自然、同黑暗、同愚昧、同動物的祖傳現象，同掠奪行為的殘餘所作的鬥爭。 —— 馬卡連柯

人應起碼每天聽首小歌，讀首好詩，看幅好畫，如有可能，說幾句合情合理的話。 —— 歌德

無論你是男是女，生活都是一種艱難的永無止境的掙扎。它需要極大的勇氣和力量。 —— 弗吉妮亞

當一個人嘗盡了生活的苦頭，懂得了什麼叫做生活的時候，他的神經就堅強起來。 —— 巴爾札克

人人都在生活，但只有少數人熟悉生活，只要你能抓住它，它就會饒

有趣味！——屠格涅夫

生活得最有意義的人，並不就是年歲活得最大的人，而是對生活最有感受的人。——盧梭

世間大部分的貧窮，都是一種病態，是不良生活、不良環境、不良思想的結果。——薩克斯

人的才能就在於使生活快樂，在於用燦爛的色彩，使他生活的陰暗的環境明亮起來。——伊巴涅斯

生活有千百種形式，每人只能經歷一種。豔羨別人的幸福，那是想入非非，即使得到也不會享那個福。——紀德

生活的藝術雖然像舞蹈藝術，但更像拳擊藝術，因此應該站穩腳跟，隨時準備迎擊突如其來的、意料不到的進攻。——奧理略

生活就是你的藝術。你把自己譜成樂曲，你的光陰就是十四行詩。——于爾德

我們應該努力這樣生活，即當我們快要死的時候，即使喪葬承包人也會感到難過。——馬克·吐溫

如果人們的生活目的不同，生活的內容不同，那麼這個不同就必定會反映到他們的外表上來，他們的外表也將各異。——托爾斯泰

生活也同寓言一樣，不是以它的長短來衡量，而是以它的內容來衡量。——小塞內卡

無中不能生有，無縫的石頭流不出水來。誰不能燃燒，就只有冒煙——這就是定理。生活的烈火萬歲！——尼古拉·奧斯特洛夫斯基

生活是我們在自己喜歡的環境中所遵循的一種習慣。——巴爾札克

你要是按照自然來造就你的生活，你就絕不會貧窮；要是按照人們的觀念來造就你的生活，你就絕不會富有。——伊比鳩魯

◆ 時尚

每一個人都嘲笑陳舊的時尚，卻虔誠地追隨新的時尚。——梭羅

所謂時尚就是目前的傳統。一切傳統都帶有某種必要性。使人們非向它看齊不可。——歌德

時尚始於獨特，終於粗俗，而二者皆時尚之大忌。——哈茲裡特

一切時髦的東西總會變成不時髦的，如果你一輩子追求時髦，一直追求到老，你就會變成一個受任何人輕視的花花公子。—— 舒曼

一般地說，一個民族愈文明，愈彬彬有禮，他們的習俗習慣也就愈沒有詩意，一切都由於溫和化而軟弱起來了。—— 狄德羅

不存在的東西被認為是稀罕的，陳舊的東西被人們爭相模仿，20 年以前的東西卻重新獲得了魅力。—— 鮑蒙特

時髦僅是試圖在生活方式和社會交往中把藝術變成現實。—— 霍姆斯

藝術創造的醜惡，將隨著時間不斷變得美麗，相反，時髦產生的美麗卻總是隨著時間不斷變得醜惡。—— 科克托

我無法追隨反復無常的時髦，它每天似乎要產生不同的風格。—— 奧維德

◆ 穿著

你們不覺得美貌的青年穿戴過分反而折損了他們的美嗎？你不覺得山村婦女，穿著樸實無華的衣服反比盛裝的婦女要美得多嗎？—— 達文西

對於一個明智和懂事的人而言，衣著的第一要求，應永遠是得體和整潔。—— 華盛頓

外觀往往和事物的本身完全不符，世人卻容易為表面的裝飾所欺騙。—— 莎士比亞

裝飾的華麗可以顯示出一個人的富有，優雅可以顯示出一個人的趣味；但一個人的健康與茁壯則須由另外的標誌來識別。—— 盧梭

任何人，甚至一個證券經紀人都會因穿上晚禮服、戴著領帶所表現的文雅而贏得名譽。—— 王爾德

愉快的心情，是穿到社交界去的最好衣裳之一。—— 薩克雷

無論如何，一個人應該永遠保持有禮貌和穿著整齊。—— 海頓斯坦

人穿好衣服還有原因：只要你穿得體面，狗就不會咬你，而會對你敬三分。—— 愛默生

服裝和舉止不能造就一個人，但他被造就成人時，服裝和舉止就會極大地改善他的外貌。—— 比徹

必要的時候不妨忌把衣服穿得馬虎一點，可是心靈必須保持整潔才行。——馬克·吐溫

只有你想得到別人的尊重而又沒有其他辦法時，漂亮的衣服才能派上用場。——塞謬爾·約翰生

◆ 飲食

我為生存，為服務於人而食，有時也為快樂而食，但不為享受才進食。——甘地

有節制的飲食能延長生命，放縱食欲就縮短生命。——利薩爾迪

一味追求食物精美是生活奢侈的標誌，不願再吃家常便飯是精神病症的預兆。——塞內卡

正和滿儲著食物的房子容易住滿老鼠一般，食物太多者的身體，會多疾病的。——狄更斯

飲食習慣的改良比其他任何改良，其優點顯然要大得多。——雪萊

你把消化弄得失常了，就是自己毒化自己的血液。——恩格斯

◆ 菸酒

吸菸一無益處，只能使人窒息，給人帶來煙霧和灰燼。——本·強生

每一杯過量的酒都是魔鬼釀成的毒汁。——莎士比亞

你不能使一個酒徒成為小心謹慎的人；因為喝酒會使他們忘記應該做的一切事情。——色諾芬

杯中斟滿新釀的美酒，這自由之酒，格外濃烈，它不會麻痹我們的感情，它只會在感情深處注入新的意境。——恩格斯

酒不顛倒人生，它只是撤去理性的崗哨，從而迫使我們顯出種種醜態。——菲爾丁

好酒只要不濫喝，也是一個好夥伴。——莎士比亞

他們常常為了減輕你們受難的弟兄們的痛苦，而花錢買醉，也買來疾病。——雪萊

酒會使嘴輕快，但酒更會打開心靈的窗子。因而酒是一種道德的，使人吐露心腑的東西。——康德

溺死在酒杯中的人多於溺死在大海中的。——富勒

◆ 睡眠

睡眠像是清涼的浪花，會把你頭腦中的一切汙濁蕩滌乾淨。——屠格涅夫

早睡早起能使人健康、富有、聰明。——富蘭克林

人應該早起的，早起看輝煌極了的太陽，因為太陽的光明很難持續一整天的。——狄更斯

所謂睡眠，就是一旦閉上眼睛，不論善惡，一切皆忘。——荷馬

舒服的睡眠才是自然給人的溫柔的令人懷念的看護。——莎士比亞

早睡早起最能使美麗的臉鮮豔，並降低胭脂的價錢——至少幾個冬天。——拜倫

◆ 娛樂

娛樂是以不干預實際生活的方式釋放情感的一種方法。——科林伍德

人類生活的真正目的在於娛樂。世間是艱苦勞作之地，天堂是愉快玩樂之園。——賈斯特頓

在工作與遊樂之間，存在著一種和諧，兩者巧妙地結合起來，生活的藝術就在其中了。——羅曼·羅蘭

娛樂活動是為學習做好準備，又是學習後恢復疲勞的良藥。——馬克·吐溫

歡娛本身並不是罪孽；但是，能帶來一定樂趣的東西，同時也會留下比樂趣本身大出許多倍的煩惱。——伊比鳩魯

一個文明開化的民族，在其良好的工作技藝中，勢必輔添完善的娛樂藝術。——桑塔亞那

一切沒有後患的歡樂不僅有補於人生的終極（即幸福），也可以藉以為日常的憩息。——亞里斯多德

我十分讚賞公共娛樂，因為娛樂可以防止人們去幹不正經的事。——塞謬爾·約翰生

人們本能地在遊戲，可是自己不肯坦率承認。這是一個時代的可怕的危險。——羅曼·羅蘭

看來把娛樂看成件好事要合理得多，可是要記住，某些娛樂帶來有害的後果，因此也許避開它更為明智。——毛姆

在玩樂中，我們能表現出我們是怎樣的一種人。—— 奧維德

一個人有自己的興趣愛好，無論走到哪裡，都能自娛自樂欣喜不已。—— 亞當斯

◆ 習慣

習慣，重於寒霜，根深蒂固如生命，罩在你身上，壓得你喘不過氣來。—— 華茲華斯

在兒童時期沒有養成思想的習慣，將使他從此以後一生都沒有思想的能力。—— 盧梭

習慣真是一種頑強而巨大的力量。它可以主宰人生，因此，人自幼就應該通過完美的教育，去建立一種好的習慣。—— 培根

當生活染上一種習慣，像愛情習慣的時候，要擺脫這種習慣，而同時不會破壞生活的其他一切力量，這像是不可能的事。—— 小仲馬

一個人假如不從睡在搖籃裡的時候開始養成人生的清潔的習慣，那是最危險不過的。—— 康門紐斯

習慣一旦培養成功之後，便用不著借助記憶，很容易地很自然地就能

發生作用了。—— 約翰·洛克

克服癖好困難；如果再加上習慣，逐漸逐漸地生根，它就不能被征服。—— 歌德

人在身強力壯的青少年時代所養成的不良嗜欲，將來到了晚年是要一併結算總帳的。—— 培根

習慣可以是一個使人失去羞恥的魔鬼，也可以做一個天使，對於勉力為善的人，它會用潛移默化的手段，使他徙惡從善。—— 莎士比亞

習慣是社會的巨大飛輪和最可貴的維護者。—— 詹姆斯

從好習慣逃脫，易於從壞習慣逃脫，這真是人生的一大悲哀。—— 毛姆

習慣正一天天地把我們的生命變成某種定型的化石，我們的心靈正在失去自由，成為平靜而沒有激情的時間之流的奴隸。—— 托爾斯泰

一種集體的習慣，其力量更大於個人的習慣。因此如果有一個良好道德風氣的社會環境，是最有利於培養好的社會公民的。—— 培根

誰如果養成一種壞習慣，除非到死，永遠難改。—— 薩迪

習慣是很難打破的，誰也不能把它從窗戶裡拋出去，只一步一步地哄著它從樓梯上走下來。——馬克・吐溫

人的思考取決於動機，語言取決於學問和知識，而他們的行動，則多半取決於習慣。——培根

◆ 休閒

真正的閒暇並不是說什麼也不做，而是能夠自由地做自己感興趣的事情。——蕭伯納

只有休閒而無學習，等於死亡；這是活人的墳墓。——塞內加

閒暇是為了做出某種有益的事而有的時間。——富蘭克林

縱使你覓遍天下，也難找到比悠閒自得地生活在自己家裡更美的事。——布倫特

具有偷閒本領的人則往往有廣泛的興趣和強烈的個性。——史蒂文生

◆ 旅行

一個人抱著什麼目的去遊歷，他在遊歷中，就只知道獲取同他的目的有關的知識。——盧梭

人之所以愛旅行，不是為了抵達目的地，而是為了享受旅途中的種種樂趣。——歌德

旅行使人變得謙虛。因為，它使你領悟，人在世界上所占的地位是多麼渺小。——福樓拜

旅行有好多益處：新鮮滿懷；見聞大開；觀賞新都市的歡悅；與陌生朋友的相遇；能學到各種高雅的舉止。——薩迪

人們到外邊欣賞高山、大海、洶湧的河流和廣闊的重洋，以及日月星辰的動行。——奧古斯丁

旅遊是知識之路。讓大家都來參加旅遊，周遊世界，敞開自己的廣闊胸懷，世界將成為人類更美好的樂園。——麥金托什

旅行在我看來還是一種頗為有益的鍛鍊，心靈在旅行中不斷地進行探索新的未知事物的活動。——蒙田

世界是一本書，從不旅行的人等於只看了這本書的一頁而已。——奧古斯丁

一個人在旅遊時必須帶上知識，如果他想帶回知識的話。——塞謬爾・約翰生

一個人單獨旅行好處較多，因為他
思考得多。—— 傑弗遜

對青年人來說，旅行是教育的一部
分；對老年人來說，旅行是閱歷的
一部分。—— 培根

第十一篇　智慧、哲理篇

◆ 智慧

心靈只有與自然相結合，才能產生智慧，才能產生想像力。 —— 梭羅

一個人如果不是真正有道德，就不可能真正有智慧。 —— 雪萊

智慧的可靠標誌就是能夠在平凡中發現奇蹟。 —— 愛默生

鐵不用會生鏽，水不流會發臭，人的智慧不用就會枯萎。 —— 達文西

智慧是對一切事物及產生這些事物的原因的頓悟。 —— 西塞羅

智慧和命運互相衝突的時候，要是智慧有膽量貫徹它的主張，沒有意外的機會可以動搖它的。 —— 莎士比亞

一個人的智慧取決於他所處的時代；同樣，一個人的愚蠢也取決於他所處的時代。 —— 梭羅

向人們質疑，就是求智之道；自己在內心思考道理，就是啟發智慧之本。 —— 拜倫

沒有智慧的人，就會受人欺騙，被人迷惑，讓人剝削。只有具有思想的人，才是自由和獨立的人。 —— 費爾巴哈

智慧和命運交鋒時，如果智慧有敢作敢為的膽識，命運就沒有機會動搖它。 —— 莎士比亞

智慧並不產生於學歷，而是來自對知識的終生不懈的追求。 —— 愛因斯坦

唯有完善的智慧才能創造幸福的生活，即使是智慧的起端，也會使生活變得可以忍受。 —— 塞內卡

智慧有三果：一是思慮周到，二是語言得當，三是行為公正。 —— 德謨克利特

人的智慧是有限的；一個人不僅不能知道所有一切事物，甚至連別人已知的那一點點事物他也不可能完全知道。 —— 盧梭

對於受苦、罪惡和人類其他一切患難的唯一藥物就是智慧。 —— 赫胥黎

智慧是心靈的一種正確地思考事物和正確地立身處世的素質。 —— 伽桑狄

青春是有限的，智慧是無窮的，趁短短的青春，去學無窮的智慧。 —— 高爾基

如果智慧的擁有者不善於合理、謹慎地利用它，那麼對其本人來說，

智慧就是危險的武器。——莎士比亞

大自然讓聰明人和傻瓜一樣擁有幻想和錯覺，以便不使聰明人因獨具的智慧而過於不幸。——尚福爾

智慧之翼最堅硬的羽毛就是牢記過去的愚蠢。——柯勒律治

智慧只在於一件事，就是認識那善於駕馭一切的思想。——赫拉克利特

知識可以言傳，但智慧則不然。人們可以去發現它，用它生活，以它自強，憑藉它去創造奇蹟，但卻無法把它交流和傳授。——海塞

智慧就在於不為狂熱所動，不被常識所驅；當假像惑眾時，自己雖然身在其中卻不受欺騙。——阿米爾

縱然我們可以藉他人的知識而增進見聞，但是，智慧者須倚靠自己的智慧，倒是確然的事。——蒙田

所有人的智慧加在一起也不能幫助一個沒有自己智慧的人，正如失去視力的人不能用周圍的人的視力來彌補自己的缺陷一樣。——拉布呂耶爾

凡過於把幸運之事歸功於自己的聰明和智謀的人，多半是結局很不幸的。——培根

從偉大的認知能力和已知的心情結合之中最易產生出智慧來。——羅素

智慧是一種透視，一種反想，一種遠瞻；它是人生含蘊的一種放射性；它是從人生深處發出來的，同時它可以燭照人生的前途。——羅家倫

智慧的藝術就是懂得該寬容什麼的藝術。——威廉‧詹姆斯

智慧與知識不同。智慧是應用已知的去明智地指導人生事務之能力。——杜威

高超的智慧兼普通的勇氣，遠比出眾的勇氣兼普通的智慧有更大的作用。——克勞塞維茲

確信自己是很聰明的人，往往就是缺少智慧或者根本沒有智慧的人。——拉布呂耶爾

人在智慧上、精神上的發達程度越高，人就越自由，人生就越能獲得莫大的滿足。——契訶夫

◆ 真理

要堅持真理——不論在哪裡也不要動搖。——赫爾岑

我們不屬於暴力的隊伍而屬於思想的隊伍，我們征服真理。—— 羅蘭

一切出色的東西都是樸素的。—— 高爾基

真理是時間的孩子，不是權威的孩子。—— 布萊希特

真理的大海，讓未發現的一切事物躺臥在我的眼前，任我去探尋。—— 牛頓

真理不存在於醜化了的現實裡。—— 喬治·桑

在我們走向真理的征途中，摧毀了無數個舊的信念，我們還是應該繼續往前行進。—— 布洛克

一切同色的東西都是樸素的，它們之所以令人傾倒，正是由於自己的富有智慧的樸素。—— 高爾基

一切真理前人都已說過，但是如果每一次都從心底裡說出，它就是新鮮的。—— 何塞·馬蒂

時間是真理最親密的朋友，偏見是真理最大的敵人，謙遜是真理恆久的同伴。—— 哥爾頓

尋求真理的只能是獨自探索的人，和那些並不真心熱愛真理的人毫不相干。—— 帕斯捷爾納克

對真理的熱愛就表現在：知道怎樣去發現和珍惜每一事物的好處。—— 歌德

追求真理，這就是我的一切，我只感到雄偉壯麗而崇高的目標在向我召喚。—— 雨果

研究真理（就是向它求愛求婚），認識真理（就是與之同處），和相信真理（就是享受它），乃是人性中最高的美德。—— 培根

至於我，是向自然學習，是只愛真理的，哪怕只是真理的一個影子，也使我感到歡欣鼓舞，勝過一切給人帶來榮華富貴的謬誤；我寧願在光天化日之下憑著我短絀的天資到處碰壁，也不肯在黑暗中憑著謹小慎微使自己得救或者發財。—— 拉美特利

真理誠然是一個崇高的字眼，然而更是一樁崇高的業績。如果人的心靈與情感依然健康，則其心潮必將為之激蕩不已。—— 黑格爾

關鍵在於要有一顆愛真理的心靈，隨時隨地碰見真理，就把它吸收進來。—— 歌德

必須有勇氣正視無情的真理。——
列寧

凡在小事上對真理持輕率態度的
人，在大事上也是不足信的。——
愛因斯坦

真理的發現，或道德責任的完成，
都引起我們的歡欣，使我們整個生
命震顫……——克羅齊

對真理的追求比對真理的占有更為
可貴。——萊辛

真理引起了反對它自己的狂風驟
雨，那場風雨吹散了真理的廣播的
種子。——泰戈爾

真理是認識事物的工具，是人們前
進和上升的道路上的階梯，真理都
是從人類的勞動中產生的——這
個真理已經被人類全部文化發展史
充分有力地證明過了。——高爾基

既異想天開，又實事求是，這是科
學工作者特有的風格，讓我們在無
窮的宇宙長河中去探索無窮的真理
吧！——郭沫若

真理最好的朋友是時間，最大的
敵人是偏見，最經久的伴侶是謙
卑。——科爾頓

越是接近真理，便愈加發現真理的
迷人。——拉美特利

如果你想獨占真理，真理就要嘲笑
你了。——羅曼·羅蘭

不用相當的獨立功夫，不論在哪個
嚴重的問題上都不能找出真理；
誰怕用功夫，誰就無法找到真
理。——列寧

堅持真理的人是偉大的。——雨果

真理的旅行，是不用入境證
的。——約里奧·居禮

我們探求真理，在一切事件中，獲
得真理是最高的快慰。——桑塔亞那

任何一個可信的道理都是真理的一
種形象。——布萊克

人的天職在勇於探索真理。——哥
白尼

我歡呼和擁抱真理，不管它在什
麼地方出現；而且，只要我能發
現它，我就心甘情願地向真理投
降。——蒙田

真理是普遍的，它不屬於我一個
人，而為大家所有；真理占有我，
而不是我占有真理。——馬克思

真理像陽光一樣，它很難謙虛；而且它對誰謙虛呢？對它本身嗎？真理是它自己和虛偽的試金石。那麼，對虛偽謙虛嗎？——馬克思

如果真理在少數人中間獲得了充分的勝利，而這少數人是優秀的，那就應當予以接受；因為真理的本性並不在於使多數人喜愛。——狄德羅

播下真理的種子，將收穫真理的果子；撒下謊言的種子，只會一無所獲。——博納

只要再多走一步，彷彿是向同一方向邁一小步，真理便會變成謬誤。——列寧

不知道真理的人，不過是個傻瓜。但是知道真理，反而說它是謊言的人，就是罪人！——布萊希特

科學賜予人類最大的禮物是什麼呢？是使人類相信真理的力量。——康普頓

歷史孕育了真理，它能和時間抗衡，把遺聞舊事保藏焉；它是往古的跡象，當代的鑑戒，後世的教訓。——賽凡提斯

真理就是具備這樣的力量，你越是想要攻擊它，你的攻擊就愈加充實了和證明瞭它。——伽利略

真理是一顆純潔的明珠，它雖然晶瑩透亮，卻彷彿比不上那些五顏六色的玻璃片。——培根

一切真理前人都已說過，但是如果每一次都從心底裡說出，它就是我說的。——何塞·馬蒂

真理喜歡批評，因為經過批評，真理就會取勝；謬誤害怕批評，因為經過批評，謬誤就會失敗。——狄德羅

一個人要發現卓有成效的真理，需要千百個人在失敗的探索和悲慘的錯誤中毀掉自己的生命。——門捷列夫

最偉大的真理是最平凡的真理。——托爾斯泰

在真理方面，我們對以下一類人應當看作跛子：這種人憎惡有意的謊言，自己說了感到不安，別人說了對之惱怒，可是對於無意的虛妄倒安之若素，到發覺缺知識，也還是處之泰然，自甘於豬一般愚蠢。——蘇格拉底

不愛真理的人所採取的藉口是說，尚有爭論，還有很多人在否定它。

因此，他們的錯誤無非是出於他們並不熱愛真理或者仁愛；因此他們是無可原諒的。——巴斯卡

真理的小小鑽石是多麼罕見難得，但一經開採琢磨，便能經久、堅硬而晶亮。——貝弗里奇

真理一經發現就會永世長存，真理的發現者也因此千古留名。因為真理就像自然界中的新元素一樣，是永遠不會消亡的。——威廉·赫茲利特

真理並沒有像偽真理造成那樣多的壞事一樣，在世界上造成同樣多的好事。——拉羅什富科

在我所講的一切中，我只是探求真理，這並不是僅僅為了博得說出真理的榮譽，而是因為真理於人有益。——愛爾維修

真理往往是粒難以下嚥的苦藥，但我們不能讓幻想像野草似的繼續生長。——褚威格

要追求真理，認識真理，更要信賴真理，這是人性中的最高品德。——培根

真理就住在謬誤的隔壁，人們尋找真理，常常是在一次次地敲響謬誤的門之後。——歌德

我只知道真理是存在於事物中而不存在於我對事物進行判斷的思想中，我只知道在我對事物所做的判斷中，「我」的成分愈少，則我愈是接近真理。——盧梭

最好是把真理比做燧石，它受到的敲鑿越厲害，發射出的光輝就越燦爛。——馬克思

不論將來人們怎樣說我，我在每一件事情上都一絲不苟地固守真理，不違背事實。——貝多芬

對於真理我們必須經常反復地宣傳，因為錯誤也有人在反復地宣傳，並且不是個別的人而是大批的人在宣傳。——歌德

謬誤與真理之間的緊密聯繫出現，是因為一種純粹的絕對的謬誤是不可想像的；正因為它是不可想像的，所以它不存在。——克羅齊

真理是在漫長的發展著的認識過程中被掌握的，在這一過程中，每一步都是它前一步的直接繼續。——黑格爾

要做真理的朋友，達到不惜犧牲的程度，但不要做真理的衛士，落到不能寬容的地步。——畢達哥拉斯

真理不會由於有人不承認它而蒙受絲毫的損害。——席勒

如果你把所有的錯誤都關在門外時，真理也要被關在外面了。——泰戈爾

真理不是一種鑄幣，現成的擺在那裡，可以拿來藏在衣袋裡。——萊辛

要經得起歷史的考驗，要準備接受長期的慘敗。然而一切都會過去，只有真理留著。——托爾斯泰

真理是火把，而且是巨大的火把，所以，我們都想眯著眼，從旁走過，甚至擔心被它灼傷。——歌德

讓別人為名利去胡亂寫作吧，真理得到傳頌就是它的最好報酬。——奧弗伯里

真理的核心無處不在，真理的範圍漫無邊際，真理的存在我們無法否認。——愛默生

一個人的臨死遺言，就像深沉的音樂一般，有一種自然吸引注意的力量；到了奄奄一息的時候，他的話絕不會白費，因為真理往往是在痛苦呻吟中說出來的。——莎士比亞

正如光既暴露了自身，又暴露了周圍的黑暗一樣，真理既是自身的標準，又是虛假的標準。——斯賓諾莎

一個新的科學真理的確立，並不是通過說服反對者聲明自己搞通了，倒是因為它的反對者逐漸死光了，而新一代從一開始就熟悉了這個真理。——普朗克

◆ 哲理

自然是由聯合對立物造成最初的和諧，而不是由聯合同類的東西。——亞里斯多德

海水是最純潔的，又是最不純潔的。對於魚，它是能喝的，有益的；對於人，它是不能喝的，有害的。——德謨克利特

亮光可能不是亮光。因為光明是真理，而亮光可能是奸詐。你認為它在那裡發光，不，它在那裡放火。——雨果

理智有它的偏見；感覺有它的不定性；記憶有它的局限；想像有它的朦朧處；工具有它的不完善處。——狄德羅

金子放在金盤子裡，不顯得怎麼樣，然而，把金子放在泥土上，它就立即閃光耀眼。—— 雨果

翻騰得最高的浪頭沉得最低；最高的松柏投下的影子最長。—— 紀伯倫

所有的果實，都曾經是鮮花；然而，卻不是所有的鮮花都能成為果實。—— 雨果

當你背向太陽的時候，你只看到自己的影子。—— 紀伯倫

雖然船在上面，水在下面，然而水仍是主角。—— 裴多菲

無限在有限之中發現了自身，這雖是一種矛盾的現象，但卻是扎根在創造基礎上的一種矛盾現象。——泰戈爾

膽小怕事、反應遲鈍、不冷不熱、怠惰懶散，凡此種種幾乎無不需要經中庸這件外衣來加以掩飾。——彌爾頓

過度的節制有違於節制的初衷，而適度的節制則有助於戰勝過度的放縱。—— 馬克·吐溫

葡萄酒對普通人而言是百藥之長，但對發燒之人卻有害，難道即因此便說它不好嗎？—— 薄伽丘

不是有水的地方都有青蛙，但是青蛙叫的地方必定有水。—— 歌德

黑夜使眼睛失去它的作用，但卻使耳朵的聽覺更為靈敏。—— 莎士比亞

再包羅萬象的規則，也難免有一些例外。—— 伯頓

一切都在運動之中，人本身也在不斷地運動，因此人的一切也只能解釋為運動。—— 托爾斯泰

兩個人在一起，不出半小時，必有一個顯示出對另一個的優勢。——塞謬爾·約翰生

既然太陽上也有「黑點」，人世間的事情就不可能沒有缺陷。—— 車爾尼雪夫斯基

跛足而不迷路，能趕過雖健步如飛但誤入歧途的人。—— 培根

我們往往把一個人擁有的東西稱之為他的資產，其實他藉以獲得這些資產的方式才是真正的資產。——堂恩

黑夜無論怎樣悠長，白晝總會到來。—— 莎士比亞

◆ 理智

理智像太陽，它的光是恆久的，持續不變的；而想像之光則像流星，只是瞬息即逝的閃耀，其活動無規律，其方向也不固定。—— 塞謬爾‧約翰生

理智的作用僅在於認識這世界是如此，反之，意志的努力即在於使得這世界成為應如此。—— 黑格爾

能夠把感情和理智調整得如此適當，以致命運不能隨心所欲地把人玩弄於股掌之間，這樣的人是有福的。—— 莎士比亞

理應始終指導人類前進的理智很少為我們引路；而感情與脆弱卻總是篡奪其位，代替它來指揮。—— 賈斯特菲爾德

理智的最後一步，就是要承認有無限的事物是超乎理智之外的；假如它沒有達到認識這一點，那它就只能是脆弱。—— 巴斯卡

全是理智的心，恰如一柄全是鋒刃的刀。它叫使用它的人手上流血。—— 泰戈爾

你願意征服一切事情嗎？那麼就讓你自己服從理智吧。—— 塞內卡

讓我們首先遵循理智吧，它是可靠的嚮導。它毫不隱瞞地警告我們它是脆弱的，並向我們說明它的局限性。—— 法朗士

人與動物的區別就是人有理智，而仇恨心理往往蒙蔽人的理智。—— 特羅耶波爾斯基

理智力會抵抗痴迷，判斷力會警告熱情。—— 夏‧布朗特

冷酷無情的理智是一把除了搗毀之外毫無用處的錘子。它有時就像冷酷的心一樣有害和可恨。—— 諾貝爾

最聰明的批評家是一種善變的人，會服從於明日更出色的遠見卓識，而且他們永遠正確，不過是在「現在」和「總體上」。—— 威廉‧詹姆斯

理智可以制定法律來約束感情，可是熱情激動起來，就會把冷酷的法令蔑棄不顧。—— 莎士比亞

情感對理智有著巨大的影響，日常生活中少不了它的作用。在同理智的鬥爭中，它往往是奏凱者 —— 凡受情感支配的女人概莫能外；對男人，甚至對最有才幹的男人來說，能外者也寥寥無幾。—— 賈斯特菲爾德

跟明智的人同行，就有智慧；跟愚昧人做伴，必受連累。——富蘭克林

明智的人使自己適應世界；而不明智的人則堅持要世界適應自己。所以，人類進步靠的是不明智的人。——蕭伯納

對欲望盲從的可憐人，和對理性傾耳的認真的人同樣正確。——福樓拜

一個被感情支配的人永遠見不到真理。要成功地尋得真理，就要完全從愛與憎、福與禍的雙重包圍中解脫出來。——甘地

人的理智由於特殊的癖好寧願重視肯定的事例，而不大重視否定的事例。——培根

理智有它的偏見，感覺有它的不定性。——狄德羅

最好這樣運用我們的理智：在不幸降臨時幫助我們承受不幸，在不幸可能降臨時幫助我們預見不幸。——拉羅什富科

應該依賴自己的理智，從生活的合乎情理的現象出發。——馬卡連柯

人們每違背一次理智，就會受到理智的一次懲罰。——托·霍布斯

不運用理智的人是只被馴服了的動物，濫用理智的人是只狂暴的野獸。——哈利法克斯

人的理智由於有一種貪婪的、永不滿足的求知欲，因此在任何地方都不把自己抑制在應有的範圍內，不在適當的地方停止無益的詢問和輕率的探討。——培根

當惡意有理智在自己這一邊時，它就變得傲慢並以其全部的光彩來炫耀理智。——巴斯卡

「理智」這個詞是要表示對一切個別的事物的一種明辨和擺脫了無知。——馬可·奧理略

◆ 思想

沒有什麼能比將思想與財富的車輪連成一軸、並使之滾滾向前的行動更稱得上是精明的行動的了。——培根

若一個人的思想不能比飛鳥上升得更高，那就是一種卑微的不足道的思想。——莎士比亞

人類的全部歷史都在告誡有智慧的人：不要篤信時運，而應堅信思想。——愛默生

思想與學識猶如自然現象，一切繁文縟節與虛張聲勢對之毫無作用。——愛默生

思想只有與具有揭示力量的個人結合，才會產生啟發的作用。——威廉·詹姆斯

為一個思想而捐軀無疑是崇高的，但如果為一個思想體系，而且是一個正確的思想體系而死，則更加崇高！——門肯

人顯然是為了思想而生的；這就是他全部的尊嚴和他全部的優異；並且他全部的義務就是要像他所應該的那樣去思想。而思想的順序則是從他自己以及從他的創造者和他的歸宿而開始。——巴斯卡

思想上的純真無邪和行使權力時的坦誠公正，是兩種高貴的品格。——司湯達

一種思想歷久不衰並不是好事，因為思想本身最終總是要變得陳腐的。——桑塔亞那

如果一個人只想著謀生度日，他的思想怎麼高尚得起來？——盧梭

宇宙萬物中，沒有一樣東西像思想那樣頑固。——愛默生

倘若沒有驕傲的思想，人將不成其為人，他自身的弱點會使他蛻化為禽獸。——高爾基

思想好比火星：一顆火星會點燃另一顆火星。——蘇霍姆林斯基

思想，也是有它的老弱殘兵的：它們也該有個養堂。——屠格涅夫

表現是思想的衣裳，而且好像是名副其實的衣裳。——蒲柏

過多地吸取別人的獨創思想，就限制了自己本來擁有的那一份思辨能力的發展。陷入到別人的思路之中，就同在別人的庭園裡迷路一樣，這又像一個身材高大的僕人攙著你走路，他步子大，你步子小，非常吃力。——查理斯·蘭姆

思想深於一切言論，感情深於一切思想。——克蘭奇

◆ 愚蠢

無知的人就跟豬一樣盲目，他們嘲笑知識，譏笑學問，鄙夷地把學術上的成就一腳踢開，卻不知道他們自己正享受著學術上的一切成果呢。——克雷洛夫

愚昧是空無所有，沒有東西能憑它產生。它是一片空虛，靈魂在裡面靜坐著，蟄伏著。——詹森

愚人的蠢事算不得稀奇，聰明人的蠢事才叫人笑痛肚皮；因為他用全副的本領證明他自己的愚笨。——莎士比亞

無知是一個養活人的現實，科學是一個餓肚子的現實，想做學者就要餓得精瘦，想吃草就要變成驢子。——雨果

結果中蘊含的愚蠢往往比動機中蘊含的惡意更殘酷。——哈利法克斯

愚蠢的本質就是只見到別人過失而忘卻自己的錯處。——西塞羅

有學問的傻瓜，要遠比無知的傻瓜還要愚蠢。——伏爾泰

明智的人因為有話要說才說話，愚蠢的人則為了必須說話而說話。——柏拉圖

愚笨的人，如果貫徹其愚蠢的話，他終將會變得聰明的。——布萊克

無知的人最好沉默，他若知道這一點，便不算無知。——薩迪

愚昧將使你達不到任何成果，並在失望憂鬱之中自暴自棄。——達文西

無能和無知的靈魂怎麼會打擾有能力有知識的人呢？——馬可·奧理略

如果說邪惡的行為只需在另一個世界贖罪，那麼愚蠢的行為在這個世界就必須償債。——叔本華

無知者是不自由的，因為和他對立的是一個陌生的世界。——黑格爾

聰明人變成了痴愚，是一條最容易上鉤的遊魚；因為他憑恃才高學廣，看不見自己的狂妄。——莎士比亞

蠢人和自己的錢財要不了多久就分離了。——豪厄爾

世上存在著裝備精良的愚蠢，正如存在衣著時髦的傻瓜。——尚福爾

科學的自負比起無知的自負來還只能算是謙虛。——史賓賽

無知與迷信之間從來就有著一種密切甚至確定無疑的聯繫。——庫珀

打斷蠢人的話頭，讓他閉口，是失禮的，而讓他說下去，卻是殘忍的。——富蘭克林

一個傻瓜眼中的樹木絕不會和一個聰明人眼中的樹木完全相同。——布萊克

傻瓜從不與自己對話：第一個思想就帶走了他，絕不會有第二聲回答。——哈利法克斯

如果任人類靈魂自行其是，它必定會墮入童稚的愚蠢，人們喜歡玩具總是甚於喜歡值得他們讚美的東西。——德拉克魯瓦

聰明人輕視傻瓜們的見解，卻依舊為得到他們的尊敬而自豪，這是逢迎諂媚造成的一種矛盾。——哈利法克斯

我們從目擊的人類愚蠢中所能得到的最好教訓就是：不要激怒自己去反對它。——威廉·赫茲利特

在聰明人之中，最聰明的人知道自己懂得最少；在蠢人之中，最蠢的人認為自己懂得最多。——格瓦拉

有時傻瓜的錯誤既嚴重又難以預料，聰明人感到迷惑不解，只有犯下這些錯誤的人才會感覺到它們有用。——拉布呂耶爾

人類的頑固愚蠢永遠是一切事物的阻礙。——高爾基

愚人的名字，就像愚人的面孔，總是出現在公眾場所。——富勒

沒有一個人不曾嘗過樂極而蠢，蠢極而入歧途的滋味。——司各特

蠢人老是請求，而答應請求的人更蠢。——赫伯特

笨人的心就像一隻破碗，任何知識也盛不住。——高爾基

智者向愚人學習的東西多於愚蠢向智者學習的東西。——蒙田

最難對付的不是自私、虛榮或狡詐，而是徹底的愚昧。——霍弗

蠢人總會發現比他更蠢的人讚美他。——布瓦洛

◆ 智者

一個無知的人受到人的非難，強過一個智者明知故犯：前者只是盲人走上了歧途，後者卻是睜著眼睛失足。——薩迪

一個人的先見之明能有他的事後之明的一半那樣多，這個人就不失為是個聰明人。——伯德特

聰明的人對自己的弱點瞭若指掌，
不認為自己一貫正確。—— 傑弗遜

命運是不太妨害智者的，因為智
者的最高利益總是由理智作指導
的。—— 伊比鳩魯

一個智者的禍福，並不取決於他的
感覺，而是取決於他的行為。——
馬可·奧理略

一個精明的人要想不受騙，有時只
需要不精明就夠了。—— 拉羅什富科

適當的疑慮是智者的明燈，是防患
於未然的良方。—— 莎士比亞

智者不僅一定會愛自己的敵人，他
也一定有能力恨自己的朋友。——
尼采

第十二篇　文學、藝術篇

◆ 文學

文學應該預見未來，用自己那最鼓舞人心的成果跑在人民的前面，就像它是在拖著生活向前邁進似的。——托爾斯泰

文學使思想充滿肉和血，它比哲學或科學更能給予思想以巨大的明確性和說明性。——高爾基

文學的情形和人生毫無不同，不論任何角落，都可看到無數卑賤的人，像蒼蠅似的充斥各處，危害社會。在文學中，也有無數壞書，像蓬勃滋生的野草，傷害五穀，使他們枯死。——叔本華

文學就是用語言來創造形象、典型和性格，用語言來反映現實事件、自然景象和思維過程。——高爾基

文學是一個對生活中的變動反應靈敏、活潑易變的思想藝術體系。——鮑列夫

文學就像爐中的火一樣，我們從人家借得火來，把自己點燃，爾後傳給別人，以致為大家所共同。——福樓拜

文學應該記載下過去所經歷的道路，追隨那行動著的群眾，沿著他們所走過的道路把那幅五光十色的歷史圖畫給展示出來。——托爾斯泰

文學也像其他一切值得注意的智力或者道德活動一樣，就其本性來說，它不能不是時代願望的體現者，不能不是時代思想的表達者。——車爾尼雪夫斯基

任何文學，要不把完善道德理想和有益作為目的，都是病態的、不健康的文學。——小仲馬

文學的要旨是在於：它啟發人的想像、激起讀者的高尚的思想和感情。——車爾尼雪夫斯基

閱讀一部好作品就像溜冰一樣，溜冰者會身不由己地被帶到東帶到西。——愛默生

文學——其實一向是教育的夥伴；文學的發展和受教育的要求的發展，一向是平行的。——杜勃羅留波夫

◆ 藝術

藝術的使命在於用感性的藝術形象的形式去顯現真實。——黑格爾

藝術不是享樂、安慰或娛樂；藝術是一樁偉大的事業。藝術是人類生

活中把人們的理性意識轉化為感情的一種工具。—— 托爾斯泰

美是藝術的最高原理，也是最高的目的。—— 歌德

藝術是積蓄在苦難和耐勞的人的靈魂中的蜜。—— 德萊塞

藝術是征服的人生，藝術是生命的帝王。—— 羅曼·羅蘭

像生活一樣，藝術應當無拘束，因為兩者都是試驗性的。—— 桑塔亞那

借助藝術可以傳達最高尚和最善良的感情，也可以傳達最卑鄙和最惡劣的感情。—— 托爾斯泰

藝術是造化的得力助手，後者只賜予我生存，而前者卻使我們成器。—— 席勒

藝術不在偽裝事物，只是將事物按人類所見的、真實地表現出來。—— 拉斯金

當你愛好你的藝術時，就覺得沒有什麼犧牲是難以忍受的。—— 歐·亨利

藝術之所以成為人生的酵素，只因為它含有豐滿無比的生命力。—— 羅曼·羅蘭

每一種藝術品都依附於某種道德體系，但它若真是藝術品，就一定包含著對於它所依附著的道德的必要批評。—— 羅曼·羅蘭

藝術的價值就在於借助於外在物質形式顯示一種內在的生氣、感情、靈魂、風格和精神，這就是我們所說的藝術作品的意蘊。—— 黑格爾

藝術的大道上荊棘叢生，這也是件好事，常人都望而卻步，只有意志堅強的人例外。—— 雨果

藝術對於因生活和勞動而疲倦的心靈是一種可口的良藥。—— 高爾基

藝術魅力之大小，視乎它是否有能力召喚我們離開平凡生活的紛擾而達到更自由更美滿的活動之樂趣。—— 桑塔亞那

最高的藝術，名副其實的藝術，絕不受一朝一夕的規則限制；它是一顆向無垠的太空飛射出動的彗星。—— 羅曼·羅蘭

藝術是一個和諧的，經過擴大的回聲；正當現實生活到了極盛而衰的階段，反映現實生活的藝術才達到完全明確而豐滿的境界。—— 丹納

熱愛你所學的藝術吧，不管它可能是多麼貧乏，滿足於它，像一個以整個的身心、全部的所有信賴神的人一樣度過你的餘生，使你自己不成為任何人的暴君，也不成為任何人的奴隸。——馬可·奧理略

藝術在朝聖的路上，探訪現實中未知的一座座殿堂，走向一個同過去有著天淵之別的未來。——泰戈爾

藝術的目的不是要去表現事物的外貌，而是要去表現事物的內在意義。——亞里斯多德

藝術是智慧的喜悅，在良知照耀下看清世界，而又重現這個世界的智慧的喜悅。——羅丹

藝術教導人的，只不過是生活的意義。——米勒

藝術是永恆的，而生命卻短促。如果來得及把理解的東西完成百分之一就好了，但結果只是萬分之一。——托爾斯泰

假如藝術不能和真理並存，那就讓藝術去毀滅吧！真理是生，謊言是死。——羅曼·羅蘭

藝術與科學的價值，在於對萬眾的利益做全無私欲的奉獻與服務。——拉斯金

藝術不僅可以利用自然界豐富多彩的形形色色，而且還可以用創造的想像自己去另外創造無窮無盡的形象。——黑格爾

藝術是永久的精神與物質的戰爭，藝術是每天痛楚與狂喜的激動情感，藝術是一場永無終了的搏鬥。——布德爾

要想逃避這個世界，沒有比藝術更可靠的途徑；要想同世界結合，也沒有比藝術更可靠的途徑。——歌德

藝術，就是所謂靜觀、默察；是深入自然，滲透自然，與之同化的心靈的愉快。——羅丹

藝術可遇不可求——它不會因為你是平民面對你視若無睹，也不會因為你是王公而對你青眼有加。——惠斯勒

藝術的目的差不多是神聖的，如果它寫作歷史，就是起死回生，如果它寫作詩歌，就是創作。——雨果

藝術比人生更高尚。埋頭於藝術而避開其他一切是遠離不幸的唯一道路。——福樓拜

所謂藝術就是反映在人間的大自然，所以最要緊的事情就是擦鏡子。—— 羅丹

反常的藝術可能是人民所不理解的，但是好的藝術永遠是所有的人都能理解的。—— 托爾斯泰

一切藝術都是開在枝繁葉茂的知識之樹上的鮮豔的花朵。—— 李斯特

如同人們只能在世界的背景上知覺事物一樣，藝術表現的物件也是宇宙的背景上顯現的。—— 薩特

藝術的第一作用，一切藝術作品毫無例外的一個作用，就是再現自然和生活。—— 車爾尼雪夫斯基

藝術不應當成為幻想，應當是真理！真理！我們得睜大眼睛，從所有的毛孔中間吸取生命的強烈的氣息，看著事實的真相，正視人間的苦難—— 並且放聲大哭。—— 羅曼·羅蘭

藝術的氣息是大多數人不能呼吸的。唯有極偉大的人才能生活在藝術中間而仍保持生命的源泉——愛。—— 羅曼·羅蘭

◆ 詩歌

詩歌簡直就是最美麗、最深刻、最為動人的說話方式，這就是詩歌的重要性所在。—— 阿諾德

真正的詩永遠是心靈的詩，永遠是心靈的歌，它很少談論哲理，它是羞於大發議論的。—— 高爾基

詩不是一種表白出來的意見。它是從一個傷口或是一個笑口湧出的一首歌曲。—— 紀伯倫

圖書潛移默化人的內心，詩歌薰陶潤澤人的氣息品性。少小所習，老大不忘，猶如身歷其事。—— 威廉·赫茲利特

詩貴有奇趣，卻不是說怪話，正須得至理，理到至外，發以仄徑，乃成奇趣。—— 何紹基

詩歌是強烈情感的本能溢流，其源泉乃是彙集於平靜之中的激情。—— 華茲華斯

人的種種情感在詩中以極其完美的形式表現出來；彷彿可以用手指將它們拈起來似的。—— 泰戈爾

詩歌是一團火，在人的靈魂裡燃燒。這火燃燒著，發熱發光。——托爾斯泰

假如詩歌不是像樹葉一樣自然地生長出來，那它最好壓根就不要出現。——濟慈

詩是神的詞句，詩未必只存在於韻文之中。詩到處洋溢著，凡是有美和生命的地方就有詩。——屠格涅夫

詩的詞句含有能走動的意義與能飛翔的音樂。——泰戈爾

詩歌是最快樂、最高尚的心靈的最美好、最幸福的時刻的記錄。——雪萊

歌聲在空中感到無限，圖畫在地上感到無限。詩呢，無論在空中、在地上都是如此。——泰戈爾

詩歌能躲過墳墓，使偉大的業績永垂青史，使英名代代相傳。——奧維德

一首優美的詩猶如一股噴泉，不斷噴出智慧和歡樂的水花。——雪萊

一般來說，詩可以理解為「想像的表現」。自有人類便有詩。——雪萊

詩的內在和諧是透過聯想來傳達的。——泰戈爾

◆ 音樂

當我聽到音樂時，我的心會疾速跳動，充滿了生命力，就像是起風時的商船隊。——梭羅

假如心頭只能歌唱著自己的悲哀和歡笑，那麼世界並不需要你，不如把你的琴一起摔掉。——裴多菲

靈魂裡沒有音樂，或是聽了甜蜜和諧的樂聲而不會感動的人，都是擅於為非作惡，使奸弄詐的。——莎士比亞

音樂可以稱做是人類的萬能語言，人類的感情用這種語言能夠向任何心靈說話，被一切人理解。——李斯特

音樂是一種能使所有年齡的人都喜歡的東西，它適用於所有國度，而且對悲傷和歡樂都很適宜。——理查·胡克

某些人特別容易受某種情緒的影響，他們也可以在不同程度上受到音樂的激動，受到淨化，因而心裡感到一種輕鬆舒暢的快感。——亞里斯多德

音樂，有人將它比作花朵，因為它鋪滿人生的道路，散發出不絕的芬芳，把生活裝飾得更美。—— 貝多芬

音樂訓練是一種比其他訓練都更為有力的手段，因為節奏與和諧會深入靈魂內部各處。—— 柏拉圖

音樂是比一切智慧、一切哲學更高的啟示……誰能滲透我音樂的意義，便能超脫尋常人難以自拔的苦難。—— 貝多芬

聽得見的樂聲雖美，但若聽不見卻更美；所以，吹吧，柔情的風笛；不是奏給登徒浪子聽，更為可心，它們給靈魂奏出無聲的小曲。—— 濟慈

音樂是感人肺腑的藝術，亦即較之其他藝術是最能左右人的情感的藝術。—— 托爾斯泰

音樂，就它的基礎來說，是數學的；就它的出現來說，是直覺的。—— 萊布尼茲

音樂乃是一種使人迷戀善良、美和人道精神的最奇妙、最精細的手段。—— 蘇霍姆林斯基

無論怎樣堅硬頑固狂暴的事物，音樂都可以立刻改變它們的性質。—— 莎士比亞

音樂喚起了我們不曾想過它的存在和不曾明白過它的意義的那些潛伏著的情緒。—— 史賓賽

人的心同時也是大音樂家的共鳴板，如果心不起作用，那麼音樂家永遠也不可能創造出偉大的東西來。—— 舒伯特

音樂以其影響的魔力，在一定的程度上，能描畫出想畫的一切。—— 萊修埃爾

音樂是為想像力開拓的最為遼闊、最自由的原野。—— 喬治·桑

歌曲像在海風中泛起的泡沫，儘管它的內容像海一樣深邃。—— 史文朋

指揮必須給樂隊以示意性的信號，而不是做舞蹈動作給觀眾們看。—— 歐威爾

音樂最容易暴露一個人的心事，洩漏最隱祕的思想。—— 羅曼·羅蘭

音樂給人開闢了一個陌生的王國，一個與他周圍的外在感性世界沒有任何共同之處的世界。—— 霍夫曼

對音樂沒有適當才能的人要搞音樂，固然不會成為音樂大師，但是

他由此學會識別和珍視音樂大師所作的樂調。—— 歌德

音樂的基本任務不在於反映出客觀事物，而在於反映出最內在的自我。—— 黑格爾

最好的音樂是這種音樂，它能夠使最優秀、最有教養的人快樂，特別是使那個在品德和修養最為卓越的一個人快樂。—— 柏拉圖

用音樂，用某些旋律和節奏可以教育人，治療人的脾氣和情欲，並恢復內心能力的和諧。—— 畢達哥拉斯

音樂的魔力，足以使一個人對未能感覺的事有所感覺，對理解不了的事有所理解，使不可能的事變為可能。—— 托爾斯泰

音樂像詩，只有巨匠的手才能有如此造詣，使不可名狀的優雅存在於每一種作品中。—— 蒲柏

音樂是人類共同的語言；詩是人類共同的安慰和喜悅。—— 朗費羅

◆ 寫作

寫作中要慢中求快，切不可灰心！不妨把你的作品放在鐵砧錘上二十次。—— 布瓦洛

寫作的目的不應該只是為了發表。當然更不是為了稿費或虛名。它實際上是一個人認識真理之後的獨白。—— 羅曼・羅蘭

主要的：不要急於寫作，不要討厭修改，而是把同一篇東西改寫十遍、二十遍。—— 托爾斯泰

一個作家必須使他的藝術給人以自然的印象，而不是矯揉造作。自然是有說服力的，而矯揉則適得其反。—— 亞里斯多德

應該寫得樸素，愈樸素愈好，而且愈能打動人，時代和新的讀者要求樸素和明晰。—— 高爾基

我之所以寫作並不是由於天才的衝動，而是為了舒緩愛情的煩惱和哀訴人生難以消除的痛苦。—— 普洛佩提烏斯

為了寫作，一個作家的絕大部分時間是花在閱讀上；一個人要翻遍半個圖書館才能寫成一本書。——詹森

你心裡想得透徹，你的話自然明白，表達意思的詞語自然會信手拈來。—— 布瓦洛

最難的是開頭，也就是第一句。就

像在音樂中一樣，第一句可以給整篇作品定一個調子，通常要費很長時間去尋找它。—— 高爾基

製成筆的羽毛是從天使翅膀上掉下來的，它追敘那些善良的人們的生平。—— 華茲華斯

在安排字句的時候，要考究，要小心，如果你安排得巧妙，家喻戶曉的字便會取得新義，表達就能盡善盡美。—— 賀拉斯

寫作是一條認識自己，認識真理的路，你只要喜歡寫，應該隨時動筆去寫。—— 羅曼·羅蘭

人類智慧和知識的形象將在書中永存；它們能免遭時間的磨損，並可永遠得到翻新。—— 培根

要把別人寫成別人，不要寫成自己。—— 契訶夫

別胡謅自己沒有經過的痛苦，別硬畫自己沒有見過的畫圖，因為扯謊在小說裡比在談話裡還要乏味得多。—— 契訶夫

◆ 美術

一位高明的畫家，不刻意照抄一個風景，那麼他留給我們的就不僅是表面形象，而是實質性的精髓。—— 巴爾札克

有人以為素描本身是美的，而不知素描所以美，完全是由於所表達的真實和感情。—— 羅丹

藝術就是感情，如果沒有體積、比例、色彩的學問，沒有靈敏的手，最強烈的感情也是癱瘓的。—— 羅丹

對於藝術沒有比畫一朵玫瑰更困難，因為他必須忘掉在他以前所畫過的一切玫瑰，才能創造。—— 馬蒂斯

我有些瞬間，激動升騰到瘋狂或達到預言家狀態。一切面向自然創作的，是栗子，從火中取出來。—— 梵谷

要是風景畫，就使我想在其中徘徊流連；要是女性的肖像畫，就使我想愛撫其中的女人們。我就喜愛這樣的畫。—— 雷諾瓦

一幅畫的主要任務是要描繪出一個情境，一個動作的場面。這裡第一條規律就是可理解性。—— 黑格爾

畫家之所以為畫家，是因為他能見到旁人只能隱約感覺或依稀瞥望而

不能見到的東西。——克羅齊

僅僅滿足於形似到亂真，拘泥於無足道的細節表現的畫家，將永遠不能成為大師。——羅丹

也許在一萬幅畫中有一幅應該活在人們的讚美之中，一代一代相傳，直到消褪、黯淡得難以辨認，或是那畫布徹底腐朽。——霍桑

◆ 審美

美是很相對的，就如同在日本是正派的事到了羅馬就不正派，在巴黎是時髦的東西到了北京就未必是。——伏爾泰

就形貌而言，自然之美要勝於粉飾之美，而優雅行為之美又勝於單純儀容之美。——培根

只有「真」才是美的，若能把真理最美麗的裝飾，赤裸裸地表達出來才最為可貴。——叔本華

為了尋找美，我們到世界各地旅行，但是我們必須隨身帶著美的鑑賞力，否則會什麼都找不到。——愛默生

一個具有純潔的美感的人能充分地欣賞自然，絕不會在自然的美中找

出什麼缺陷。——車爾尼雪夫斯基

如果我能再活一次的話，我將給自己定一條每個星期至少讀一次詩、欣賞一次音樂的規矩。——達爾文

美是一種最高的善，它滿足一種自然功能，滿足我們心靈的一些基本需要或能力。——桑塔亞那

大自然竭力向每一個空間，向一切被遺忘的物體和角落灌輸生命，把生機注入一切無生命和有生命的物體之中。——貝斯頓

美的本性就完全決定於人的本質力量，正是這些力量使得任何事物成為美的。——布羅夫

熱愛大自然的人是那種內外感覺真正協調一致，甚至在進入成年後依然保持童心的人。——愛默生

當美的靈魂與美的外表和諧地融為一體，人們就會看到，這是世上最完善的美。——柏拉圖

有些理想曾為我指引過道路，並不斷給我新的勇氣去欣然面對人生，那些理想就是真善美。——愛因斯坦

藝術美高於自然。因為藝術美是由心靈產生和再生的美，心靈和它的產品比自然和它的現象高多少，藝

術美也就比自然美高多少。——黑格爾

科學的探索與研究，其本身就含有至上的美，它帶來的愉悅是給我們的極好酬報，這就是我在我的工作中尋得無上樂趣的原因。——瑪里·居禮

把美所引起的熱愛和歡欣描繪出來，那你就已經把美本身描繪出來了。——萊辛

我們所能經歷的較美的東西是那些神祕的事物，它是所有真正的藝術和科學的源泉。——愛因斯坦

憂心忡忡的窮人甚至對最美麗的景色都沒有什麼感覺；販賣礦物的商人只看到礦物的商業價值，而看不到礦物的美和特性。——布羅夫

追求完美就是追求歡樂與光明。——阿諾德

美是到處都有的。對於我們的眼睛，不是缺少美，而是缺少發現。——羅丹

真正最高的美正是人在現實世界中所遇到的美，而不是藝術所創造的美。——車爾尼雪夫斯基

美也可以通過聽覺來接受，因為樂調和節奏也是美的。——普洛丁

最能直接打動心靈的還是美。美立刻在想像裡滲透一種內在的欣喜和滿足。——愛迪生

絕大多數哲人，以及最偉大的人物，都通過對美的欣賞和沉思來補償學校教育，並獲得智慧。——蒙田

人們在精神上、感情上和智力上越是發達，審美經驗越是豐富，他們所感知的自然現象的美越是能夠在他們意識中喚起各種聯想，從而他們的審美認識就會更豐富和更深刻，而他們的審美感也會更精細。——波洛夫

只要有熱心和才能，就能養成一種審美的能力，有了審美的能力，一個人的心靈就能在不知不覺中接受各種美的觀念，並且最後接受同美的觀念相聯繫的道德觀念。——盧梭

美的價值就是以某種方式包含著倫理的東西，並必定把它表現出來。——薩特

◆ 語言

依我看來，寫完小說，應當把開頭和結尾刪掉。在這類地方，我們的小說家最容易說假話。—— 契訶夫

不要把時間、才力和勞動浪費在空洞、多餘的語言上。—— 歌德

簡潔的語言是智慧的靈魂，冗長的語言則是膚淺的藻飾。—— 莎士比亞

對於敏感而聰明的人來說，寫作藝術之所以好，並不在於知道寫什麼，而是在於知道不要寫什麼。—— 托爾斯泰

一個作家如果關心後代的話，就會不停地純潔自己的語法，而同時也不拋棄用來表現他精神中特殊個性的特色。有錯誤的語言永遠也不能表達一個思想，而文體就像水晶，愈純淨便愈光亮。—— 雨果

我們不論描寫什麼事物，我們須繼續不斷地苦心思考，非發現這個唯一的名詞、動詞與形容詞。類似的詞句是不行的，也不能因思考困難，用類似的詞句敷衍了事。—— 福樓拜

黃金要經過淘洗才能得到，精闢的、被表達得很好的思想也是這樣。—— 托爾斯泰

◆ 舞蹈

我在周圍的一切事物中看到舞蹈的基礎。凡人的身體所能做出的真實的舞蹈動作，最初都存在於自然界。—— 鄧肯

我所創造的舞蹈無非是表現自由，其靈感正是來自童年時代的不羈、無拘無束的生活。—— 鄧肯

說話是理智的表現，是思考著的人的表現，唱歌則是感情的表現，至於舞蹈，它是勝過一切的酒神式狂喜的表現。—— 鄧肯

舞劇是一幅畫，或者更確切地說，是由構成舞劇情節的行動語言組成整體的一幅圖畫。—— 諾維爾

舞蹈運用不同於自然界的獨特語言來表現人體的美。人類所有有意識的藝術活動最初都是從發現人體的自然美開始的。—— 鄧肯

◆ 戲劇

沒有小角色，只有小演員。—— 斯坦尼斯拉夫斯基

戲劇的本質就是大家一起，創造性地把虛構變為真實。——托爾斯泰

他在舞臺上瀟灑、淳樸、動人，在臺下倒像在演戲。——哥爾德·史密斯

我們有權利贊成薩拉克魯的話：「戲劇不是為人物而存在，人物是為戲劇而存在。」——莫魯瓦

在舞臺上，有兩種辦法激起群眾的熱情，即透過偉大和通過真實。偉大掌握群眾，真實攫住個人。——雨果

戲劇作為一種藝術，並非什麼永遠存在和固定不變的東西，而是在晚上的那短短的幾個鐘頭裡不斷生長、不斷發生著的東西。——托爾斯泰

戲劇評論家最可靠之處，在於能夠準確無誤地區分每一場演出的得失，什麼或者哪些應由作者負責。——萊辛

常言道：萬事開頭難。但是，在戲劇這一行，此話的反說才是正確的：萬事收尾難。——叔本華

悲劇和喜劇已不再是思想問題。生活中的小差錯使我們發笑，而重大的差錯則是悲劇，是造成悲傷的原因。——哈伯德

喜劇的內容是缺乏合理的必然性的偶然事件，是主觀幻想的世界或者似乎存在而實際上不存在的現實的世界。——別林斯基

喜劇總是摹仿比我們今天的人壞的人，悲劇總是摹仿比我們今天的人好的人。——亞里斯多德

最好的戲劇也不過是人生的縮影。——莎士比亞

演員更加是一個創造者，因為他有時可以給人物添上作者沒有想到的特徵。——別林斯基

◆ 美貌

人的一切——面貌、衣裳、心靈和思想都應該是美麗的。——契訶夫

美貌常常比酒更壞，因為它能使所有者和欣賞者雙方沉醉。——齊默爾曼

美貌是一層面紗，它常常用來遮掩許多缺點。——托爾斯泰

◆ 想像力

想像是在過去知覺的基礎上對於新的形象的創造，想像永遠是藝術家的手段…… —— 岡察洛夫

想像是創造的。輕浮的想像絕不能產生有價值的作品。 —— 黑格爾

想像力是結合藝術品裡一切因素的能力，它把各個不同的因素塑造成一個整體。 —— 杜威

想像是創造力。亦即綜合的原理，它的物件是宇宙萬物與存在本身所共有的形象…… —— 雪萊

詩人的兩隻眼睛，其一注視人類，其一注視大自然。他的前一隻眼叫做觀察，後一隻眼稱為想像。 —— 雨果

想像有兩種：一種簡單地保存對事物的印象；另一種將這些印象千變萬化地排列組合。前者稱為消極想像，後者稱為積極想像。 —— 伏爾泰

如果說到本領，最傑出的藝術本領就是想像。 —— 黑格爾

你們作家，在任何時期都應該用幻覺，就是說，一定要學會看見你們所描繪的東西。 —— 托爾斯泰

想像力只受藝術尤其是詩的節制。有想像力而沒有鑑別力是世界上最可怕的事。 —— 歌德

想像是每個有感覺的人都能切身體會的一種能力，是在腦子裡擬想出可以感覺到的事物的能力。 —— 伏爾泰

沒有一個作家是純然客觀地在觀察生活的，一切藝術都為了反映最大的藝術 —— 生活的藝術。 —— 布萊希特

誰要描寫人和生活，誰就得經常親自熟悉生活，而不是從書本上去研究它。 —— 契訶夫

哪裡有生活，哪裡就有詩，從而也有詩的內容。 —— 別林斯基

真正的藝術作品不是偶爾在藝術家心靈中產生，那是從他所經歷過的生活中得來的果實，正像母親的懷胎一樣。 —— 托爾斯泰

脫離現實生活而憑空產生的作品，是文字的堆砌和無聊的遊戲，毫無價值，是自賤和自辱。 —— 海明威

詩人是那種感化別人性格的內在力量和那種激發及支持這類力量的外界的共同產物；兩者在他身上合為

一體。 —— 雪萊

我勸告已經懂得寫什麼的作家到生活中、到風俗習慣中去尋找模型，從那裡汲取活生生的語言吧。——賀拉斯

◆ 表現力

文學的真正使命就是使感情成為可見的東西。 —— 泰納

音樂表達了那種不能見於言詞，而又不能安於沉默的事物。 —— 雨果

藝術作品就是用最小的面積驚人地集中了最大量的思想。 —— 巴爾札克

藝術給人帶來許許多多好處，因此無愧於自己稱號的藝術家的作品，特別是詩人的作品，是「生活的教科書」。 —— 車爾尼雪夫斯基

藝術的藝術，表達的光輝和文字的光彩，卻在於質樸，沒有比質樸更好的了。 —— 惠特曼

作者所體驗過的感情感染了觀眾和聽眾，這就是藝術。 —— 托爾斯泰

第十三篇　青春、惜時篇

◆ 時間

時間像一條大河，把輕飄的、吹漲的東西順流浮送到我們手裡，沉重的、結實的東西全都沉下去了。——培根

時間是無聲的腳步，往往不等我完成最緊急的事務就溜過去了。——莎士比亞

時間是世人的君王，它是他們的父母，也是他們的墳墓；它所給予世人的，只憑著自己的意志，而不是按照他們的要求。——莎士比亞

明天的時光長於逝去的時光，行動的動力是我們不死的願望。不管何處是生命的盡頭，活一天就要有一天的希望。——萊蒙托夫

時間好像一條由發生的各種事件構成的河流，而且是一條湍急的河流，因為剛剛看見了一個事物，它就被帶走了，而另一個事物又來代替它，而這個也將被帶走。——馬可·奧理略

時間對於各種人有各種的步伐。我可以告訴你時間對於誰是走慢步的，對於誰是跨細步走的，對於誰是奔跑著走的，對於誰是立定不動的。——莎士比亞

時間帶走一切，長年累月會把你的名字、外貌、性格、命運都改變。——柏拉圖

時間是最大的暴君，在我們走向衰老的過程中，他要對我們的健康、四肢、才能、力氣及相貌全部徵稅。——福斯特

時間是造成一切事物的神祕原料。有它，一切都可能；無它，則凡事不可能。——阿諾德

在今天和明天之間，有一段很長的時期；趁你還有精神的時候，學習迅速地辦事。——歌德

只有把時間切斷的時候我們才會感到時間的流動和運動。——蜜雪兒·比托爾

時間應分配得精密，使每年、每月、每天和每小時都有它的特殊任務。——康門紐斯

速度是很重要的。失去的土地總是可以復得的，失去的時間則將永不復返。——羅斯福

真正的敏捷是一件很有價值的事。因為時間是衡量事業的標準，如金錢是衡量貨物的標準一樣。——培根

從我的左袋裡偷走白銀的角幣吧，但不要碰我的右袋 —— 裡面裝著黃金的時間！ —— 霍姆斯

擁有的東西沒有比光陰更貴重、更有價值了，所以千萬不要把你今天所做的事拖延到明天去做。 —— 貝多芬

時間是世界上一切成就的土壤。時間給空想者痛苦，給創造者幸福。 —— 麥金西

時間會刺破華麗精緻，會把平行線刻上美人的額角，會吃掉稀世之珍、天生麗質，什麼都逃不過他橫掃的鐮刀。 —— 莎士比亞

時間令人煩惱之處正是在於它不能不用。結果，人們隨興之所至，亂花濫用，用來幹五花八門的荒唐事。 —— 格拉寧

時間是人的財富、全部財富，正如時間是國家的財富一樣，因為任何財富都是時間與行動化合之後的成果，好比用一個代數公式，包括了形形色色的活動。 —— 巴爾札克

我們越是分析時間的自然性質，我們就越懂得時間的延續就意味著發明，就意味著新形式的創造，就意味著一切新鮮事物連續不斷地產生。 —— 柏格森

時間是片刻不停的無窮的運動。若不是這樣看的話，時間就是不可思議的了。 —— 托爾斯泰

上蒼賜給世人的時間是無限的。究竟怎樣賜給我們呢？是一下子就給我們一千年嗎？是把時間均勻地分成一個個清新的早晨。 —— 愛默生

時間是一種沖淡了的死亡，一帖分成許多份無害的劑量、慢慢地服用的毒藥。 —— 雷馬克

在所有的批評家中，最偉大的、最正確的、最天才的是時間。 —— 別林斯基

時間變化的財富，但時鐘在它的遊戲文章裡卻使它只不過是變化而沒有財富。 —— 泰戈爾

時間的步伐有三種：未來姍姍來遲，現在像箭一般飛逝，過去永遠靜立不動。 —— 席勒

時間與事業的關係，有點像金錢與商品的關係。做事情費時太多，就意味著買東西付出了高昂的代價。 —— 培根

年輕的時候，日短年長；年老的時候，年短日長。 —— 凱撒

時間的威力在於：結束帝王們的爭戰；把真理帶到陽光下，把虛假的謊言揭穿。——莎士比亞

我的產業多麼美、多麼廣、多麼寬，時間是我的財產，我的田地是時間。——歌德

時間並不閒著，並非無所事事地悠然而逝：通過我們的感覺，時間在我們心中進行著令人驚奇的工作。——奧古斯丁

如果錯過了太陽時你流了淚，那麼你也要錯過群星了。——泰戈爾

時間流逝，像平靜的河水，沒有一道裂痕，沒有一道皺紋，從容不迫，好像永生永世都應該如此。——羅曼·羅蘭

一個人越知道時間的價值，越感覺失時的痛苦。——但丁

年輕人容易認為生活中有的是時間，儘管隨意揮霍，也還會綽綽有餘。——賈斯特菲爾德

把握住今天！現在就開始！每天都是一次新的生命。抓住它，因為今天我們已在走向明天。——鮑爾斯

時間像一個趨炎附勢的主人，對於一個臨去的客人不過和他略微握一握手，對於一個新來的客人卻伸開了兩臂，飛也似的過去抱住他，歡迎是永遠含笑的，告別總是帶著嘆息。——莎士比亞

勤勉。不浪費時間；每時每刻做些有用的事，戒掉一切不必要的行動。——富蘭克林

誰能一輩子從頭至尾用好白晝的時光，誰就一定會生活得更偉大。——阿爾科特

辛勤的蜜蜂永沒有時間悲哀。——布萊克

時間是個常數，但對勤奮者說來，是個變數，用「分」計算時間的人，比用「時」來計算時間的人，時間多五十九倍。——雷巴柯夫

對遊手好閒的人來說，日子長，年代短……那麼勞動吧！勞動的好處之一是把日子縮短、年代拉長，即擴大生活。——狄德羅

我以為人們在每一個時期都可以過有趣而且有用的生活。我們應該不虛度一生，應該能夠說，「我已經做了我能做的事」，人們只能要求我們如此，而且只有這樣我們才能有一點快樂。——瑪里·居禮

每天不浪費或不虛度不空拋剩餘的那一點點時間，即使只有五六分鐘，果得正用，也一樣可以有很大成就。——雷曼

時間不可空過，用之於有益的工作；一切無益的行為，應該完全制止。——富蘭克林

切勿坐耗時間，須知每時每刻都有無窮的利息；日計不足，歲計有餘。——富蘭克林

憑著日規上潛移的陰影，你也能知道時間在偷偷地走向亙古。——莎士比亞

整個生命是日子的問題，夢想家才會使自己置身虛無縹緲之中，而不去抓住眼前一縱即逝的光陰。——羅曼·羅蘭

一切逝去的時間都是失去的時間；我們正在度過的這一日，一半屬於我們自己，另一半屬於死亡。——塞內加

拋棄時間的人，時間也拋棄他。——莎士比亞

◆ 青春

生活賦予我們一種巨大的和無限高貴的禮品，這就是青春。——尼古拉·奧斯特洛夫斯基

當青春的光彩漸漸消逝，永不衰老的內在個性卻在一個人的臉上和眼睛上更加明顯地表露出來，好像是在同一地方住久了的結果。——泰戈爾

青春的美麗與珍貴，就在於它的無邪與無瑕，在於它的可遇而不可求，在於它的永不重回。——席慕容

青春在人的一生中只有一次，青春時代要比其他任何時代更能接受高尚的和美好的東西。誰能把青春保持到老年，不讓自己的心靈冷卻、變硬、僵化，誰就是幸福的人。——別林斯基

青春這玩意真是妙不可言，外部放射出紅色的光輝，內部總卻什麼也感覺不到。——薩特

青春是人們最美妙的季節，然而它又是何等短暫，當你撕去日曆上的一頁，便會預感到青春的花朵凋落了一瓣。——魯特夫拉·木塔里甫

青春是一個普通的名稱，它是幸福美好的，但它也充滿著艱苦的磨練。—— 高爾基

讓青春反抗老朽，長髮反抗禿頭，熱情反抗陳腐，未來反抗往昔，這是多麼自然！—— 雨果

在你青春的無憂無慮的生涯裡，你屋子裡所有的門始終洞開著。—— 泰戈爾

當青春、希望和美貌來到這個地方，而又不知道將來結果如何，那倒是一個好兆頭。—— 狄更斯

我不願意經常出沒在這發霉的靜止中，我要去尋找永存的青春。凡是和我的生活不一致的、凡是不像我的笑聲那麼歡快的，我都將它完全拋棄。—— 泰戈爾

青春是人生最快樂的時光，但這種快樂往往完全是因為它充滿著希望，而不是因為得到了什麼或逃避了什麼。—— 卡萊爾

若是青春只有運動的火，它將變得焦幹而枯萎。但這裡卻永遠潛藏著眼淚，使它保持著鮮美。—— 泰戈爾

青春應該是：一頭醒智的獅，一團智慧的火！醒智的獅，為理性的美麗而吼；智慧的火，為理想的美而燃。—— 哥白尼

春天是自然界一年裡的新生季節；而人生的新生季節，就是一生只有一度的青春。—— 西塞羅

有人說青春就是批判的年華，這種說法並不誇張，這種批判的特點具有很高的積極性和很強的原則性。—— 蘇霍姆林斯基

青春的朝氣倘已消失，前進不已的好奇心已衰退以後，人生就沒有意義。—— 穆勒

你不能同時又有青春又有關於青春的知識。因為青春忙於生活，而顧不得去了解；而知識為著要生活，而忙於自我尋求。—— 紀伯倫

莫讓青春虛度在昨天創傷的呻吟中，莫把希望寄託在明天的幻想上。—— 紀伯倫

青春並不是生命中一段時光，它是心靈上的一種狀況。它跟豐潤的面頰，殷紅的嘴唇，柔滑的膝蓋無關。它是一種沉靜的意志，想像的能力，感情的活力，它更是生命之泉的新血液。—— 辛尼加

一個人的青春時期一過，就會出現

像秋天一樣優美的成熟時期。這時，生命的果實像熟稻子似的在美麗的平靜的氣氛中等待收穫。——泰戈爾

少年人不會抱怨自己如花似錦的青春，美麗的年華對他們來說是珍貴的，哪怕它帶著各式各樣的風暴。—— 喬治·桑

青春時期，不是對人懷抱仇恨而是對人十分仁慈和慷慨的時期。——盧梭

青春，帶著疾捷的腳步，在行程上前進，歡樂之境伸展在眼前。——布林衛

超乎一切之上的一件事，就是要保持青春朝氣。——莎士比亞

小孩兒時，再加上剛剛進入青春時期的兩三年是生活中最充足的、最優美的、最屬於我們的部分：它不知不覺地決定整個未來。——赫爾岑

誰虛度年華，青春就要褪色，生命就會拋棄他們。——雨果

青春之所以幸福，就因為它有前途。—— 果戈里

人類的歷史在顯示出事實之前，通常會在生命的深處發出警告，而

測量天候的最敏感指標，便是青春。—— 羅曼·羅蘭

生命的黎明是樂園。青春才是真正的天堂。—— 華茲華斯

◆ 青年

青年人的眼睛裡燃燒著火焰，老年人眼睛裡放射出光芒。——韋爾連

青年是多麼美麗！發光發熱，充滿了色彩與夢幻，是書的第一章，是永無終結的故事。—— 朗費羅

青年人必須有本領，頭腦清醒，精力飽滿，還要意志堅定，秉性善良。—— 歌德

我對青年的勸告只用三句話就可概括，那就是：認真工作，更認真地工作，工作到底。—— 俾斯麥

青年時犯錯，成年時同錯誤進行鬥爭，老年時為錯誤而惋惜。—— 迪斯雷利

青年人比較適合發明，而不適合判斷；適合執行，而不適合磋商；適合新的計畫，而不適合固定的職業。—— 培根

應該使青年們看到一切，了解一

切；看到我們彼此不是姑息養奸，不是無原則地講仁慈才好。—— 高爾基

青年是一個美好的而又是一去不可再得的時期，是將來一切光明和幸福的開端。—— 加里寧

你們這些生在今日的人，你們這些青年，現在要輪到你們了！踏在我們的身體上面向前吧。但願你們比我們更偉大、更幸福。—— 羅曼·羅蘭

創造一切非凡事物的那種神聖的爽朗精神總是同青年時代和創造力聯繫在一起的。—— 歌德

身體的有力和美是青年的好處，至於智慧的美則是老年所特有的財產。—— 德謨克利特

青年人的內心一般都潛在著一種激憤情緒，若經過正確的疏導，會平息下來，不致鬧出什麼亂子來。—— 屠格涅夫

青年是生命之晨，是日之黎明，充滿了純淨、幻想及和諧。—— 席德布郎

青年由於對阻力和自己的缺點沒有經驗，很容易把事物看成是可能

的，因此滿懷好的希望。—— 阿奎那

青年人處於內在激情的風暴之中，不得不把目光轉向內心，於是預感到他會成為什麼樣的人，他變成了理想主義者。—— 歌德

青年人的大部分生活充滿希望；希望代表未來，而回憶代表過去。

青年長於創造而短於思考，長於猛做而短於討論，長於革新而短於守成。老年人的經驗，引導他們熟悉舊事物，卻蒙蔽他們無視新情況。青年人敏銳果敢，但行事輕率卻可能毀壞大局。—— 培根

年輕人能夠一下子墮入失望的深淵……但是青年的希望回升起來也快。—— 馬克·吐溫

青年的美感和獨創精神，一經與成熟科學家豐富的知識和經驗相結合，就能相得益彰。—— 貝弗里奇

今天所做之事，勿候明天；自己所做之事勿候他人，要做一番偉大的事業，總得在青年時代開始。—— 歌德

第十四篇　個性、風度篇

◆ 個性

一個人的名譽是別人對他的看法，他的個性才是他真正的面目。—— 傑克·麥納

人的天性不是長出秀草就是長出雜草，非此則彼，非彼則此，因此，必見機為秀草澆水，勤除雜草。—— 培根

成熟的個性通過生活中所獲得的行為模式，扮演起各種角色來，走到哪裡，都能夠馳騁自如。—— 魯克

個性既不堅，更非不變，它不斷在活動、變化，正如我們的肉體，偶爾也會罹疾。—— 喬治·艾略特

我們且不說：每一個人是他自己運氣的工程師；但讓我們說：每一個人都是他自己個性的工程師。—— 布特曼

思想就是力量！個性的力量也是無比的。兩者結合在一起，人就能創造出歷史。—— 亨利·詹姆士

你不能憑著夢想形成自己的個性；你一定要千錘百煉為自己構成個性。—— 夫魯德

試想，一個社會，假如全是由一些年齡相同，相貌、習慣、嗜好和感情都一模一樣的人組成，那該多麼單調。—— 馬克·吐溫

一個人的個性應該像岩石一樣堅固，因為所有的東西都建築在它上面。—— 屠格涅夫

良好的性情重於黃金；後者是幸運的給予，前者是自然的天賦。—— 愛迪生

個性是比智力更崇高的。思想是一種機能，生活是那種機能的執行者。—— 愛默生

每個人都有義務充分地考慮自己的個性。一個人的個性越是他所特有，則越適合他。—— 西塞羅

個性和名譽間有著很大的區別，因為名譽可以被讒言毀壞，而個性則除了它的主人外無人可以損害。—— 霍蘭

個性的形成決定在兩件事上，精神狀態及我們花費時間的方法。—— 赫伯特

個性像白紙，一經污染，便永不能再如以前的潔白。—— 黑格爾

習性難移——那些企圖改變他自己的生活方式的人常覺徒勞無功。——賓尼

人一生的任務恰恰是既要實現自己的個性，同時又要超越自己的個性。——弗洛姆

一定要有性格站在後面並支撐著一切——訓誨、詩詞、圖畫、戲劇，都是沒有了它便一文不值。——霍蘭

世界上的人從外表看來是各色各樣的，但如果把內心稍稍揭開，那種無所依歸和心靈不安的情況，則是彼此相通的。——高爾基

我們當中每一個人身上都有一個完整的世界，在每一個人身上這個世界都是自己的、特殊的。——杜斯妥也夫斯基

人的個性有局限性：只有真理才能使人的個性成為完整的和無限的。——別林斯基

專心致志是個性的唯一基礎，同樣也是才幹的唯一基礎。——愛默生

在事業成功的各種因素中，個性的重要性遠勝過優秀的智力。——卡內基

◆ 風度

一個人的行為舉止、風度儀表是展現一個人外在魅力的主要方式之一。高雅的行為舉止使人風度翩翩。——塞謬爾·斯邁爾斯

美的風度的第一條法則是：請尊重別人的自由；第二條法則是：請自己表現自由。——席勒

我的風度是貴族的，但我的行為卻是民主的。——雨果

友善的言行、得體的舉止、優雅的風度，這些都是走進他人心靈的通行證。——塞謬爾·斯邁爾斯

◆ 氣質

男子要有剛強和自由勇敢的氣質，哦！他更應該有些深藏的祕密。——歌德

氣質之美與其說是來自內心的修養，不如說它是來自一種對美好事物的欣賞能力。這種欣賞力就使一個人的言談舉止不同流俗。——羅曼·羅蘭

所謂男子氣概是指親切、慈愛的風度，它絕不是指肉體上的意願而

言。—— 薩迪

美只愉悅眼睛，而氣質的優雅使心靈入迷。—— 伏爾泰

時間能安慰我們，而人的氣質能夠抗拒痛苦的印象。—— 愛默生

美好的氣質來自真誠，「造作」永不會產生靈感。—— 羅曼·羅蘭

◆ 形象

外表的整潔和文雅應當是內心純潔和美麗的表現。—— 別林斯基

人應該透過衣著洞察別人，而且還要學會忽視衣著。—— 卡萊爾

衣服和風度並不能造就一個人；但對一個已經造就的人，它們可以大大增進他的儀表。—— 比徹

年輕人應該裝束得華麗瀟灑一些，表示他的健康活潑，正像老年人應該裝束得樸素大方一些，表示他的矜嚴莊重一樣。—— 莎士比亞

盡你的財務購置貴重的衣服，可是不要炫新立異，必須富麗而不浮豔，因為服裝往往可以表現人格。—— 莎士比亞

◆ 純樸

純樸是藝術的作品的必不可少的條件，就其本質而言，它排斥任何外在的裝飾和雕琢。純樸是真理的美。—— 別林斯基

一切出色的東西都是樸素的，它們之所以令人傾倒，正是由於自己富有智慧的樸素。—— 高爾基

無言的純樸所表示的情感，才是最豐富的。—— 莎士比亞

無言的純潔的天真，往往比說話更能打動人心。—— 莎士比亞

成功是輕而易舉的，只要你具有足夠的無知和信心。—— 馬克·吐溫

無言的純樸所表示的情感，才是最豐富的。—— 莎士比亞

第十五篇　自然與動植物篇

◆ 自然

自然也追求對立的東西，它是用對立的東西製造出和諧，而不是用相同的東西。── 亞里斯多德

人類對事物的支配，只能樹立在技術與科學之中。因為，自然只有在服從中才被征服。── 培根

自然永遠靈光煥發，毫不差錯，它是唯一的、永恆普遍的光輝，萬物從它得到力量、生命和美，她是藝術的源泉、目的和檢驗的標準。── 蒲伯

在人們面前，我見到的全是敵意，但大自然卻隨時都在向我微笑。── 盧梭

大自然不會欺騙我們，欺騙我們的往往是我們自己。── 盧梭

遵循自然，跟著它給你畫出的道路前進。── 盧梭

自然的進程似是死亡的進程，一切事物將化為烏有。── 貝利

春天百花盛開，夏天收割大忙，秋天果實累累，冬天舒適地坐在火爐旁。── 奧維德

春天的太陽甚至給那最卑微的小花也注入了新的生命。── 司各特

四季測量著一年的行程。── 濟慈

黑夜給智者帶來思想。── 米南德

夜幕之下，瑕疵都匿而不見，一切過失都被人寬恕了。── 奧維德

任何顏色都可融於黑暗之中。── 培根

黑夜使眼睛失去它的作用，但卻使耳朵的聽覺更為靈敏。── 莎士比亞

黎明前的天色往往是最黑的。── 富勒

黑暗要比光明更容易使人產生崇高的理想。── 伯克

再黑的夜晚過後也有白晝；時節一到，再晚的果實也會成熟。── 席勒

在純粹光明中就像在純粹黑暗中一樣，看不清什麼東西。── 黑格爾

陽光在骯髒的地方穿來穿去，可自己卻依然純淨如故。── 培根

同一的太陽照著他的宮殿，也不曾避了我們的草屋。日光是一視同仁的。── 莎士比亞

陽光越是強烈的地方，陰影就越是深邃。—— 歌德

埋怨風多變是愚蠢的。—— 奧維德

如果一個人不知道他要駛向哪個碼頭，那麼任何風都不會是順風。—— 塞內卡

舵手是無法平息狂風巨浪的。—— 普魯塔克

對於一隻盲目航行的船來說，所有風向都是逆風。—— 赫伯特

黑雲受光的接吻時，便變成天上的花朵。—— 泰戈爾

大地，你是萬物的母親！—— 墨勒阿格

◆ 大海

莊嚴的大海產生蛟龍和鯨鯢，清淺的小河裡只有一些供鼎俎的美味的魚蝦。—— 莎士比亞

潮水漲起時帶來的東西退走時便又帶了去。—— 富勒

女人與膽小鬼或許會死在陸地上，而大海則是埋葬勇敢者的墳墓。—— 德萊頓

大海越是布滿著暗礁，越是以險惡出名，我越覺得通過重重危險去尋求不朽是一件賞心樂事。—— 拉美特利

大海，孜孜不倦的時間老人的得力助手。—— 歐·亨利

地球上的所有河流也難填滿那如飢似渴的大海。—— 羅塞蒂

偉大的大海，你肩挑著一擔擔食鹽。—— 桑德伯格

◆ 猛獸

即使是兇猛的野獸，如果總關在籠裡，也會失去自己的勇猛本性。—— 塔西陀

暴怒的老虎仍比馴服的馬要機智。—— 布萊克

大洋裡所有的水不能將天鵝的黑腿變成白色，雖然它每時每刻都在波濤裡沖洗。—— 莎士比亞

鷹有時候的確飛得比雞棚還要低，可是雞啊，卻從來不以一飛沖天聞名。—— 克雷洛夫

雄鷹即使在把眼睛盯著大地的時候，那超群的目光仍然保持著凝視

太陽的能力。── 雨果

驚醒一頭狼跟聞到一頭狐狸是同樣糟糕的事。── 莎士比亞

驢子寧願要草料不要黃金。── 赫拉克利特

大野豬常常是被小獵狗逮住的。── 奧維德

從外貌看來，人最高貴，狗最低賤。但聖人一致認為：重義的狗勝於不義的人。── 薩迪

睡狗醒來是非多。── 喬叟

世界上沒有一匹這樣的馬，它可以駄著你逃開你自己。── 高爾基

公雞只能站在它自己的糞堆上逞能。── 塞內卡

身上塗滿了蜂蜜，哪能不招蒼蠅。── 賽凡提斯

繁忙的蜜蜂根本沒有時間去憂傷。── 布萊克

◆ 植物

生長在大蒜和洋蔥旁的玫瑰、紫羅蘭會顯得更加芬芳馥鬱。── 蒙田

最芬芳的花蕾中有蛀蟲。── 莎士比亞

如果是玫瑰，它總會開花的。── 歌德

百花也像人類或獸類一樣具有表情。有的彷彿在微笑，有的憂傷，有的羞怯，也有的樸實無華，忠誠老實，如面龐寬大的向日葵和蜀葵。── 比徹

孤獨的花兒，不要嫉妒繁密的刺。── 泰戈爾

鮮花是連兒童都能理解的語言。── 阿·考克斯

玫瑰雖然芳菲，但總會枯萎；紫羅蘭雖然芳香，但好景不長；白色的百合昂首挺胸，但很快就會凋零；皚皚的雪花即刻會在日光裡消融。── 忒奧克里托斯

埋在地下的樹根使樹枝產生果實，卻並不要求什麼報酬。── 泰戈爾

不結果的樹是沒人去搖的。唯有那些果實累累的才有人用石子去打。── 羅曼·羅蘭

挺拔的青杉不應俯首於卑微的灌木，只應讓低矮的灌木在青杉腳下凋枯。── 莎士比亞

風暴使橡樹的根扎得更深。── 赫
伯特

倘若不耕作，即使最肥沃的土地也
只能長出繁茂的雜草。── 普魯塔克

小草呀，你的足步雖小，但是你擁
有你足下的土地。── 泰戈爾

一片樹葉，除非得了全樹的默許，
不能獨自變黃。── 紀伯倫

附錄　部分名人小傳

◆ A

◆ 亞里斯多德（Aristotle，西元前 384 年～前 322 年），古希臘哲學家、科學家。曾師從柏拉圖，後從事講學與研究工作，是古希臘哲學家中最博學的人物，思想中有辯證法傾向。他在邏輯學、倫理學、教育學等諸多方面對歐洲文化的發展產生重大影響。

◆ 伊索（Aesop，約西元前 620 年～前 560 年），古希臘寓言作家。

◆ 亞歷山大（Alexander，西元 1859 ～ 1938 年），英國哲學家、新實在論者。他把抽象有「空間～時間」看作宇宙的基礎和經驗的源泉，並據此建立了一個綜合的唯心主義的本體論體系。主要的著作有：《道德秩序和進步》、《洛克》、《空間、時間和神》、《美和其他價值形式》。

◆ 加繆（Albert Camus，西元 1913 ～ 1960 年），法國文學家、戲劇家，無神論存在主義的代表人物。1933 年在阿爾及爾大學改讀哲學，二戰期間參加法國抵抗運動，任《戰鬥報》主編。主要作品有：《薛西弗斯的神話》、《局外人》、《致德國友人的信》、《鼠疫》、《反抗者》等。

◆ 小仲馬（Alexandre Dumas fils，西元 1824 ～ 1895 年），19 世紀法國著名小說家，戲劇家。

◆ 托克維爾（Alexis de Tocqueville，西元 1805 ～ 1859 年），法國歷史學家。托克維爾雖出身貴族，但在政治上傾向於自由主義，曾拒絕繼承貴族頭銜。他的成名作是 1835 年問世的《論美國的民主》第一卷，第二卷出版於 1840 年，次年他就榮膺法蘭西學院院士，僅 36 歲。

◆ 大仲馬（Alexandre Dumas，西元 1802 ～ 1870 年），法國作家。一生著作頗豐，所作歷史小說情節曲折，場面驚險，一定程度上暴露了資本主

義社會的醜惡面目。著名作品有《三劍客》及《基督山恩仇記》等。其子小仲馬也是著名作家。

◆ 愛倫・坡（Allan Poe，西元 1809～1849 年），美國作家、文藝評論家。出身演員家庭。提倡「為藝術而藝術」，宣揚唯美主義、神祕主義。受西歐尤其法國資產階級文學頹廢派影響最大。小說有《怪誕故事集》、《黑貓》、《莫爾格街兇殺案》等。論文有《創作哲學》、《詩歌原理》。愛倫・坡被譽為「偵探小說的鼻祖」。其小說風格怪異離奇，充滿恐怖氣息。

◆ 愛因斯坦（Albert Einstein，西元 1879～1955 年），德國出生的美籍理論物理學家，20 世紀最偉大的自然科學家。對科學和哲學作出了革命性的探索。創立相對論，發展了量子理論，發現電光效應定律，開創了現代宇宙學等。1921 年獲諾貝爾物理學獎。

◆ 安德魯・卡內基（Andrew Carnegie，西元 1835～1919 年），美國鋼鐵業巨頭。其鋼鐵公司的產量占全美鋼產量四分之一。退休後建立卡內基基金，從事社會公共福利事業。

◆ 安培（André-Marie Ampère，西元 1775～1836 年），法國物理學家，對數學和化學也有貢獻。1775 年 1 月 22 日生於里昂一個富商家庭。安培最主要的成就是 1820～1827 年對電磁作用的研究，並發現了安培定律、發現電流的相互作用規律、並提出分子電流假說，論述帶電導線的磁效應，被譽為電動力學的先創者。

◆ 安徒生（Andersen，西元 1805～1875 年），誕生於丹麥富恩島奧登塞小鎮，是 19 世紀的世界童話大師。17 歲發表作品《嘗試集》，24 歲出版《1828 年和 1829 年從霍爾門運河至阿邁厄島東角步行記》，首版銷售一

空。他花費 40 載光陰，撰寫了 164 則童話來表達平凡人的情感與意願。

◆ 奧古斯丁（Augustin，354 ～ 430 年），歐洲中世紀哲學家、神學家、羅馬基督教拉丁教父的主要代表、新柏拉圖主義者、基督教教父哲學的完成者。著有《懺悔錄》、《論自由意志》、《獨語錄》、《上帝之城》、《論真宗教》、《教父手冊》、《論三位一體》等。在他看來，能力和意願是一致的，意願即是意志，即是行動。奧古斯丁特別強調個人的內心鬥爭和良心的作用。

◆ B

◆ 巴貝夫（Babeuf，西元 1760 ～ 1797 年），法國政論家、政治活動家。

◆ 柏格森（Bergson，西元 1859 ～ 1941 年），法國哲學家。

◆ 培根（Bacon，西元 1561 ～ 1626 年），英國哲學家、法官。英國唯物主義創始人。提出「知識就是力量」的口號，系統論述了歸納邏輯。著有《新工具論》、《隨筆集》，其作品中的許多句子後來視同名言警句。

◆ 俾斯麥（Bismarck，西元 1815 ～ 1898 年），德國近代史上舉足輕重的人物。作為普魯士德國容克資產階級的最著名的政治家和外交家，他是「從上至下」統一德國的代表人物。「鐵和血」是他統一德國的綱領和信條，「鐵血宰相」的別稱也由此而得名。先後挑起對丹麥、奧地利及反法鬥爭，並生俘拿破崙三世，西元 1871 年 1 月 18 日宣告德國統一，並出任德意志帝國的宰相。

◆ 巴爾札克（Balzac，西元 1799 ～ 1850 年），19 世紀法國偉大的批判現實主義作家，歐洲批判現實主義文學的奠基人和傑出代表。一生創作了

96 部長、中、短篇小說和隨筆，總名為「人間喜劇」。其中代表作為《歐也妮‧葛朗台》、《高老頭》。100 多年來，他的作品傳遍了世界，對世界文學的發展和人類進步產生了巨大的影響。馬克思、恩格斯稱讚他是「超群的小說家」、「現實主義大師」。

◆ 拜倫（Byron，西元 1788 ～ 1824 年），英國積極浪漫主義詩人。學生時代深受啟蒙思想影響。1812 年發表長詩《恰爾德‧哈樂德遊記》，書中表達對封建專制的憎恨和對民主、自由的嚮往，著名作品有諷刺長詩《唐璜》等。

◆ 貝多芬（Beethoven，西元 1770 ～ 1827 年），德國音樂家，維也納古典樂派代表人物，集古典派之大成，開浪漫派之先河，對近代音樂影響極大，畢生追求「自由、平等、博愛」的理想，作品主要反映資產階級反封建、爭民主的革命熱情。主要作品有交響曲 9 部（《命運》、《田園》、《合唱》等）、鋼琴奏鳴曲 32 首及其他諸多作品。

◆ 比爾蓋茲（Bill Gates，西元 1955 年～），微軟公司創造的 Windows 系統極大促進了個人電腦的普及和廣泛應用。今天，蓋茲的身價已達 1055 億美元，是公認的世界富豪之一。

◆ 別林斯基（Belinsky，西元 1811 ～ 1848 年），俄國革命民主主義者和文學評論家。1829 年入莫斯科大學語文系。他認為各個民族的發展途徑將具有自己的民族特色，社會制度的產生是符合一定的社會要求的結果，其政治思想主要見於《文學的幻想》、《論普希金的作品》、《1847 年俄國文學一瞥》等著作。是 1840 年代俄國解放運動思想上的領導者。

◆ 巴特勒（Butler，西元 1835 ～ 1902 年），英國作家。劍橋大學畢業。曾在紐西蘭經營牧場，後從事小說創作。作品諷刺資本主義社會的宗

教、倫理和教育，主要作品有《埃瑞璜》、自傳體長篇小說《如此人生》等。

◆ 薄伽丘（Boccaccio，西元 1313 ～ 1375 年），義大利文藝復興時期作家，人文主義的重要代表。政治上反對封建專制，擁護共和政體。作品形象地反映了當時義大利社會生活，對歐洲文學發展影響較大。代表作有《十日談》等。

◆ 布萊克（Blake，西元 1757 ～ 1827 年），英國詩人、版畫家。青年時代生活貧苦，作品諷刺當時社會黑暗，反映人民的貧困，歌頌資產階級革命。重要作品有《天真之歌》、《經驗之歌》等。

◆ 布萊希特（Brecht，西元 1898 ～ 1956 年），德國大戲劇家、詩人。他的經典劇作如《四川好人》假借中國四川為背景，《高加索灰闌記》情節也是改編自一個中國古典戲劇。其他著名作品有《第三帝國的恐怖和災難》、《勇敢媽媽和她的孩子們》、《伽利略》等。

◆ C

◆ 卓別林（Chaplin，西元 1889 ～ 1977 年），電影史上最偉大的喜劇演員，生於英國倫敦，父母都是小演員。10 歲的他加入了佛瑞卡洛劇團，在赴美演出時，獲喜劇明星麥克謝內特發掘，進入美國電影界。其中的不朽代表作有《流浪漢》、《淘金記》、《城市之光》、《摩登時代》和《大獨裁者》等。

◆ 契訶夫（Chekho，西元 1860 ～ 1904 年），俄國作家。莫斯科大學畢業，做過醫生。所作中短篇小說和戲劇劇本題材多樣，內容主要揭示統治者的愚蠢專橫、貴族階級的沒落，反映勞動人民的悲慘遭遇和青年一

代的覺醒。代表作有小說《變色龍》、《黑衣教士》、《第六病室》及劇本《海鷗》、《三姐妹》和《櫻桃園》等。

◆ 柯勒律治（Coleridge，西元 1772 ～ 1834 年），英國浪漫主義詩人、文藝批評家、「湖畔派」代表。早年同情法國資產階級革命，後轉向封建立場。作品描寫超自然事物，具有神祕色彩。主要作品有《老船夫》等。

◆ 康門紐斯（Comenius，西元 1592 ～ 1670 年），17 世紀捷克教育家。作為一個偉大的愛國民主教育家，他為教育的發展做出了重大的貢獻。他編寫的教科書，被譯成 10 多種文字，在歐洲學校使用 200 多年。他創立的教育體系，為近代教育理論的發展奠定了基礎。其代表作有《母親學校》、《語言學入門》、《世界圖解》等。

◆ 愛爾維修（Claude Adrien Helvétius，西元 1715 ～ 1771 年），18 世紀法國唯物主義哲學家。主要著作有：《論精神》、《論人的理智能力和教育》以及表述其哲學思想的長詩《幸福》等。愛爾維修的哲學推動了 18 世紀法國資產階級革命運動，直接影響了法國 19 世紀的空想社會主義者。

◆ 克勞塞維茲（Clausewitz，西元 1780 ～ 1831 年），資產階級軍事理論家和軍事歷史學家，普魯士將軍。曾參加多次著名戰役，如利尼會戰等。1818 年任柏林軍官學校校長，任職 12 年中，潛心研究戰史和從事軍事理論著述。代表作有《戰爭論》及《卡爾·馮·克勞塞維茲將軍遺著》等。

◆ 賈斯特菲爾德（Chesterfield，西元 1694 ～ 1773 年），英國著名政治家兼文人。曾就讀於劍橋大學，此後遊學歐洲大陸，於 1714 年回國，並開展其政治、外交生涯。1746 ～ 1748 年間兼英國國務大臣，表現出了

傑出的政治才幹，其代表作為《寫給兒子的信》，被譽為「紳士教育的教科書」。

◆ 克羅齊（Croce，西元 1866 ～ 1952 年），義大利新黑格爾主義哲學家、歷史學家、政治家。他是義大利資產階級自由派的著名代表。1910 年當選為參議員。主要哲學著作有《精神哲學》和《哲學論叢》。在克服義大利哲學界占支配地位的實證主義的鬥爭中，起過重要的作用。

◆ D

◆ 杜斯妥也夫斯基（Dostoevsky，西元 1821 ～ 1881 年），俄國作家。軍事工程學校畢業，西元 1849 年因參加革命團體，被判死刑，後改流放西伯利亞。著名作品有《罪與罰》、《白痴》、《卡拉馬助夫兄弟們》等。

◆ 季米特洛夫（Dimitrov，西元 1882 ～ 1949 年），保加利亞人民領袖，國際共產主義運動活動家。

◆ 勞倫斯（David Herbert Lawrence，西元 1885 ～ 1930 年），英國詩人、小說家、散文家。

◆ 達爾文（Darwin，西元 1809 ～ 1882 年），英國博物學家，進化論的奠基者。曾乘海軍勘探船「貝格爾」號作歷時 5 年的環球旅行，在動植物和地質等方面進行了大量的觀察和採集，提出了生物進化的概念，摧毀了各種唯心的神造論。代表論著為《物種起源》。

◆ 但丁（Dante Alighieri，西元 1265 ～ 1321 年），義大利詩人，中古到文藝復興的過渡時期最有代表性的作家、政治思想家，義大利文學語言的締造者。著名作品有《神曲》等。

- 德拉克魯瓦（Delacroix，西元 1798 ～ 1863 年），法國浪漫主義畫家。他被認為是文藝復興時期最後一位浪漫主義大師的代表，同時他對色彩的絕妙運用又直接影響了印象派及後印象派畫家，其中他包括後期的畢卡索。其代表作有《墓地上的孤獨女孩》、《自由引導人民》等。

- 德萊塞（Dreiser，西元 1871 ～ 1945 年），美國作家。

- 德謨克利特（Democritus，約西元前 460 ～約前 370 年），古希臘哲學家，原子唯物論的創立者之一。他一生寫了許多著作，著名的有《小宇宙秩序》、《論自然》、《論人性》等等。他的著作涉及到哲學、邏輯學、數學、天文學、物理學、生物學、心理學和社會生活等方面問題。

- 狄德羅（Denis Diderot，西元 1713 ～ 1784 年），法國啟蒙思想家、唯物主義哲學家、無神論者、文學家、《百科全書》主編，主要著作有《對自然的解釋》、《關於物質和運動的哲學原理》等。

- 狄更斯（Dickens，西元 1812 ～ 1870 年），英國著名作家，批判現實主義文學重要代表，作品豐富，主要揭露資本主義社會的醜惡現象，主張用改良手段變革社會。重要作品有《匹克威克外傳》、《奧利弗爾·退斯特》、《雙城記》等。

- 迪斯雷利（Disraeli，西元 1804 ～ 1881 年），保守黨領袖，擔任過英國首相。曾大力推行殖民擴張政策，著有《為英國憲法辯護》等。

- 笛卡兒（Descartes，西元 1596 ～ 1650 年），法國哲學家、物理學家、數學家、生理學家。解析幾何的創始人，他強調科學的目的在於造福人群，使人成為自然界的主人，認為可以懷疑一切。主要著作有《方法談》、《形而上學的沉思》等。

- 杜威（Dewey，西元 1859 ～ 1952 年），美國哲學家、教育家、心理學

家。與他人共創實用主義哲學學派，並建立實用心理學派和實用主義教育理論。杜威一生寫了 30 多本著作，其中最能表現他哲學觀點的有：《我們如何思考》、《實驗邏輯論文集》、《哲學的改造》、《人性和行為》、《人的問題》等。

◆ E

◆ 恩格斯（Engels，西元 1820 ～ 1895 年），馬克思主義創始人之一，無產階級革命導師，馬克思的親密戰友，一生積極投入無產階級革命鬥爭，領導第一國際工人運動。馬克思逝世後擔負起整理和發表馬克思文獻遺產的工作，晚年進一步發展了歷史唯物主義原理，強調馬克思主義是發展的學說。

◆ 愛默生（Emerson，西元 1803 ～ 1882 年），美國散文作家、詩人、演說家。著作及演說中宣揚基督教的博愛和自我道德修養，提倡接近大自然，主張建立民族文學，要求進行社會改革。主要作品有《論文集》、《代表人物》等，為先驗主義作家代表人物。

◆ 伊比鳩魯（Epicurus，約西元前 341 ～約前 270 年），古希臘三大悲劇家之一。作品取材於神話，但著重表現自由民主的思想感情，語言接近口語，相傳寫有悲劇 90 餘部，對後代劇作家影響極大。重要作品有《美狄亞》等。

◆ 伊莉莎白‧白朗寧（Elizabeth Barrett Browning，西元 1806 ～ 1861 年），英國女詩人，西元 15 歲時墜馬受傷，長期臥病，在靜養中博覽群書，並從事詩歌創作。著有愛情詩《葡萄牙人十四行詩》等。

◆ F

- 法捷耶夫（Fadeyev，西元 1901 ～ 1956 年），蘇聯作家，出生於農民家庭。他早期作品如中篇小說《氾濫》、《逆流》和長篇小說《毀滅》，是他親身參加革命鬥爭實踐的產物。1941 年德蘇戰爭爆發後，他任《真理報》和新聞通訊社記者，發表充滿戰鬥熱情的政論文章和特寫。1945 年創作堪稱其里程碑的長篇小說《青年近衛軍》。

- 法朗士（France，西元 1844 ～ 1924 年），法國作家、文藝評論家。生於巴黎一個書商家庭。對古希臘文學有較深的修養。他的成名作《希爾維斯特‧波納爾的罪行》描寫一個文獻學家冒險的經歷。其他代表作有小說《現代史話》4 卷、《在白石上》和歷史著作《貞德傳》等。

- 菲爾丁（Fielding，西元 1707 ～ 1754 年），英國小說家，先後就讀於伊頓公學和荷蘭萊頓大學。曾寫過許多政治諷刺劇，遭禁演。後致力於長篇小說創作。代表作有《湯姆‧鐘斯》、《大偉人江奈生‧魏爾德傳》等，尖銳諷刺當時的社會、政治制度。其作品對歐洲小說的發展影響很大。

- 費爾巴哈（Feuerbach，西元 1804 ～ 1872 年），19 世紀德國唯物主義哲學家，無神論者。他繼承人文主義和啟蒙運動關於自然和人的思想，恢復英法唯物主義的哲學傳統，建立了他稱之為「人本學」或「人本主義」的哲學。代表作有《宗教的本質》、《宗教本質講演錄》等。

- 弗洛姆（Fromm，西元 1900 ～ 1980 年），美籍德裔社會心理學家。

- 佛洛伊德（Freud，西元 1856 ～ 1939 年），奧地利精神醫生，精神分析學的創始人。1873 年進入維也納大學。1887 年他曾用催眠治病，但

到 1892 年左右，他發現催眠的療效不能持久，就改用他所特創的精神分析治療法，藉以挖掘忘記了的觀念或欲望。1930 年，他被授予歌德獎金。主要著作有《夢的解析》、《日常生活之精神病學》、《精神分析引論》、《佛洛伊德自傳》等。

◆ 富蘭克林‧羅斯福（Franklin Delano Roosevelt，西元 1882 ～ 1945 年），美國第 32 任總統，曾打破慣例 4 次連任。在第二次世界大戰中對建立反希特勒同盟出重要貢獻。在 1930 年代中，羅斯福的主要工作就是恢復美國的經濟。他放棄美元金本位，首創「爐邊談話」的方式，將自己與美國平民的距離拉近，使他的政策能夠更有效的進行。

◆ 福樓拜（Flaubert，西元 1821 ～ 1880 年），法國作家。作品多揭露資本主義社會制度及文化的墮落。著名作品有小說《包法利夫人》、《情感教育》等。

◆ 富蘭克林（Franklin，西元 1706 ～ 1790 年），美國啟蒙思想家、國務活動家、科學家。美國獨立宣言和 1787 年憲法的起草人之一。主張廢除黑奴制度。發明避雷針等。

◆ G

◆ 甘地（Gandhi，西元 1869 ～ 1948 年），印度民族運動領袖，被印度人民尊為「聖雄」，在印度宣導對英國殖民政府開展非暴力不合作運動，長期領導印度國大黨，提倡社會改良，後被印度教極右分子刺死。

◆ 伽利略（Galileo Galilei，西元 1564 ～ 1642 年），義大利物理學家和天文學家，科學革命的先驅。歷史上他首先在科學實驗的基礎上融會貫通了數學、物理學和天文學三門知識，擴大、加深並改變了人類對物質

運動和宇宙的認識。他以系統的實驗和觀察推翻了以亞里斯多德為代表的、純屬思辨的傳統的自然觀，開創了以實驗為根據並具有嚴密邏輯的近代科學。因此，他被稱為「近代科學之父」。

◆ 紀伯倫（Gibran，西元 1883 ～ 1931 年），黎巴嫩文壇驕子，作為哲理詩人和傑出畫家，和泰戈爾一樣是使近代東方文學走向世界的先驅。同時，他又是阿拉伯現代小說和藝術散文的主要奠基人。《先知》是紀伯倫的頂峰之作，曾被譯成 20 多種文字在世界各地出版。

◆ 紀德（Gide，西元 1869 ～ 1951 年），法國作家。曾去非洲考察，發表作品抨擊殖民主義。積極參加國際反法西斯運動，後曾訪問蘇聯。1947年獲諾貝爾文學獎。主要作品有《人間食糧》、《田園交響樂》等。

◆ 賈斯特頓（Gilbert Keith Chesterton，西元 1874 ～ 1936 年），英國作家、散文家、文學評論家。對勃朗甯、狄更斯、喬叟的研究著作見解精當。主要作品有論著《文學中的維多利亞時代》及小說《諾廷山上的拿破崙》等。

◆ 喬治‧桑（Georges Sand，西元 1804 ～ 1876 年），法國女作家。

◆ 喬叟（Geoffrey Chaucer，西元 1343 ～ 1400 年），英國詩人。當過海關監督、法官和議員，曾出使法、意等國，深受人文主義思想影響。代表作《坎特伯雷故事集》描繪 14 世紀英國社會生活，表現反封建傾向和人文主義思想。其作品對英國民族語言的形成影響甚大。

◆ 蕭伯納（George Bernard Shaw，西元 1856 ～ 1950 年），愛爾蘭作家。生於都柏林，西元 1876 年移居英國，後開始文學創作活動，共寫劇本50 多部及其他作品，西元 1925 年獲諾貝爾文學獎。著名劇作有《華倫夫人的職業》等。

- 岡察洛夫（Goncharov，西元 1812 ～ 1891 年），俄國小說家。

- 高爾基（Gorky，西元 1868 ～ 1936 年），蘇聯偉大的無產階級文學家。生於木工家庭，當過學徒、碼頭工等，長期流浪俄國各地，經歷豐富，自學不懈。作品多描寫底層人民的苦難、對美好生活的憧憬及勞動人民的革命鬥爭。主要著作有《母親》、自傳體三部曲《童年》、《在人間》、《我的大學》等。

- 歌德（Goethe，西元 1749 ～ 1832 年），德國詩人。生於法蘭克福，他的詩作影響了整個 19 世紀及 20 世紀初的德國詩歌創作。主要作品長詩《浮士德》被列為歐洲四大文學名著之一。他的作品使德國文學在世界文壇占據了重要地位，是德國民族文學最傑出的代表。

- 果戈里（Gogol，西元 1809 ～ 1852 年），俄國 19 世紀前葉最優秀的諷刺作家，諷刺文學流派的開拓者，批判現實主義文學的奠基人。中篇小說集《彼得堡的故事》的出版給他帶來聲譽，尤以其中的《狂人日記》和《外套》最為突出。1836 年他發表諷刺喜劇《欽差大臣》，西元 1842 年發表長篇小說《死魂靈》，此部作品被認為是 19 世紀俄國批判現實主義文學的奠基作品。

◆ H

- 海倫‧凱勒（Helen Adams Keller，西元 1880 ～ 1968 年），美國女作家和教育家。聾啞並雙目失明，學會用盲文讀寫。畢生致力於聾盲人的公共救助事業，著有《海倫‧凱勒的日記》等。

- 休謨（Hume，西元 1711 ～ 1776 年），英國唯心主義哲學家、不可知論者、歷史學家、經濟學家。思想傾向於資產階級利益，哲學上主張知

識來源於經驗，其思想對康德、孔德等人影響甚大。主要著作有《英國史》、《人性論》等。

- 休斯（Hughes，西元 1902 ～ 1967 年），美國黑人詩人、小說家。1922 年進入哥倫比亞大學。1926 年出版第一部詩集《萎靡的布魯斯》。他寫過多種體裁的文學作品，而以詩歌聞名，被稱為「哈萊姆的桂冠詩人」。主要詩集有《好衣服賣猶太人》、《夢鄉人》，長篇小說《不是沒有笑的》，自傳《茫茫大海》和《我漂泊，我彷徨》等。

- 阿諾德（Henry Harley Arnold，西元 1886 ～ 1950 年），美國空軍五星上將，現代空軍之父。1907 年畢業於西點軍校。1911 年隨萊特兄弟學習飛行，成為美國最早的飛行員之一。1920 年代中期，當人們還不清楚飛機到底能作什麼的時候，他就斷言：未來戰爭的命運將由天空來決定。他為美國建立獨立的空軍奠定了基礎。

- 海明威（Hemingway，西元 1899 ～ 1961 年），美國作家。當過記者，作品反映知識份子對資本主義社會的絕望情緒，文本以簡練著稱。主要作品有小說《永別了，武器》、《老人與海》等。1954 年獲諾貝爾文學獎。

- 海涅（Heine，西元 1797 ～ 1856 年），德國著名民主詩人。出身猶太商人家庭。他是歌德之後德國最重要的詩人。早期作品是抒情詩《歌集》和《旅行記》，以批判資產階級市儈習氣為主。海涅的主要著作是其代表長詩《德國，一個冬天的童話》，此外，《西里西亞織工之歌》也是他創作的一大收穫。

- 荷馬（Homer，西元前 9 世紀～ 8 世紀），古希臘詩人，他的偉大詩篇就是史詩《伊利亞特》和《奧德賽》。這兩部史詩既是古希臘藝術史上

的一顆明珠，也是全人類共同的藝術瑰寶。《伊利亞特》大約寫於西元前 9 世紀，主要敘述發生在西元前 12 世紀希臘聯軍和特洛伊戰爭中傳奇式的情節，描繪了希臘英雄阿喀琉斯的偉大形象。

◆ 賀拉斯（Horatius，西元前 64 年～前 8 年），古羅馬詩人。

◆ 赫爾岑（Herzen，西元 1812 ～ 1870 年），俄國作家、政治家、哲學家、革命活動家。赫爾岑的文學創作貫穿著反農奴制的主題，形式多樣，獨具一格，在俄國現實主義文學發展史上占有重要地位。著名作品有自傳體中篇小說《一個年輕人的札記》，長篇小說《誰之罪？》及中篇小說《偷東西的喜鵲》等。

◆ 赫拉克利特（Herakleitos，約西元前 540 年～前 480 年左右），古希臘哲學家，愛非斯派創始人。認為物質性的「火」是萬物的本原，非神所造的世界處於不斷產生與滅亡的過程中，一切皆流，萬物皆變。在歐洲哲學史上，首先提出對立面的統一與鬥爭的學說。著作有《論自然》等。

◆ 瑪律庫塞（Herbert Marcuse，西元 1898 ～ 1979 年），美籍德國政治哲學家。第二次世界大戰期間，在美國國務院情報研究所任職，戰後任東歐組組長。後在哈佛等多所著名大學任教。主要代表作有《理性和革命》、《愛欲和文明》、《單面的人》、《論解放》、《反革命和造反》等。他的思想對西方 1960 年代末的「新左派運動」影響重大。

◆ 赫茲（Heinrich Rudolf Hertz，西元 1857 ～ 1894 年），德國物理學家。少年時期表現出對實驗的興趣。他在物理學上的貢獻是發現電磁波。現行國際單位制將頻率的單位命名為赫茲，著作有《旋轉導體電磁感應》、《力學原理》等。

- 黑格爾（Hegel，西元 1770 ～ 1831 年），德國哲學家，德國古典唯心主義的集大成者。曾任海德堡大學、柏林大學教授及柏林大學校長。他哲學的基本出發點是唯心主義的思維與存在的同一論。提出社會政治、倫理、歷史、美學等方面的一系列主張與看法。他的哲學是馬克思主義哲學的來源之一。主要著作有《精神現象學》、《邏輯學》等。

- 黑塞（Hermann Hesse，西元 1877 ～ 1962 年），德國詩人、小說家。當過學徒工、書店店員。後入瑞士籍。作品主要反映小市民和知識份子的苦惱與迷茫。主要作品有《玻璃珠遊戲》等。1946 年獲諾貝爾文學獎。

- 亨利・福特（Henry Ford，西元 1863 ～ 1947 年），「我好像發現了宇宙的輪廓。時間不再有極限，我不再是鍾情指針的奴隸，我有充足的時間去計畫、去創造。」這就是美國福特汽車公司創始人，「汽車大王」福特將人們帶入汽車時代的肺腑之言。如今，福特汽車公司經過三代人之後，仍然是美國乃至世界上最大的汽車企業之一。主要著作有《我的生活與工作》、《前進》等。

- 亨利・詹姆士（Henry James，西元 1843 ～ 1916 年），美國小說家。父親亨利是哲學家、神學家，長兄威廉是著名的哲學家、心理學家。詹姆斯的主要作品是小說，也寫了許多文學評論、遊記、傳記和劇本。重要長篇小說有《一個美國人》、《貴婦人的畫像》、《波士頓人》、《未成熟的少年時代》和《聖泉》等。

- 洪堡（Humboldt，西元 1767 ～ 1835 年），德國語言學家、政治家。曾創立柏林洪堡大學，後擔任文化教育大臣。對語言的本質和發展提出獨創性見解，是普通語言學的奠基者。

- 霍布斯（Hobbes，西元 1588 ～ 1679 年），英國哲學家，是近代科學與政治學的重要奠基者。他和培根、伽利略與笛卡爾同時代，徹底批判了中世紀經院哲學與古典哲學，使學術發展脫離了中世紀，邁向近代。其最著名的政治論文是《巨靈》，被認為是以英語寫成的最偉大政治哲學名著之一。

- 霍姆斯（Holmes，西元 1841 ～ 1935 年），美國法官、法學家，實用主義法學的創始人。曾任哈佛大學法學教授，主要著作有《普通法》、《法律職業》等。

- 霍桑（Hawthorne，西元 1804 ～ 1864 年），美國作家。思想上傾向先驗主義，深受宗教思想影響，認為人類具有罪惡的天性。主要作品有長篇小說《紅字》等。

- 斯托夫人（Harriet Beecher Stowe，西元 1811 ～ 1896 年），美國女作家，她出生在一個牧師家庭，曾經做過教師。她在辛辛那提市住了 18 年，與南部蓄奴的村鎮僅一河之隔，這使她有機會接觸到一些逃亡的黑奴。奴隸們的悲慘遭遇引起了她深深的同情。《湯姆叔叔的小屋》便是在這樣的背景下寫出來的。此書出版第一年就在國內印了 100 多版，銷 30 多萬冊，後譯成 20 多種文字，被視為美國內戰的起因之一。林肯總統後來接見她時稱她是「寫了一本書，釀成了一場大戰的小婦人」。

◆ I

- 英格索爾（Ingersoll，西元 1833 ～ 1899 年），美國政治家、演說家、不可知論者、辯護者、律師，著有《為什麼我是個不可知論者》等。

- 易卜生（Ibsen，西元 1828 ～ 1906 年），挪威著名戲劇家、詩人。易

卜生是歐洲近代現實主義戲劇的傑出代表。一生共創作 25 部各種體裁的劇本。代表作有《人民公敵》、《社會支柱》、《群鬼》和《玩偶之家》等。

◆ J

◆ 道爾頓（John Dalton，西元 1766 ～ 1844 年），英國物理學家、化學家。他在對原子的研究方面取得了非凡的成果，因而被稱為「近代化學之父」，成為近代化學的奠基人。1803 年，道爾頓總結出原子論的要點，西元 1807 年，他的著作《化學哲學的新體系》正式出版，標誌道爾頓的原子論正式問世。

◆ 約瑟夫・傅立葉（Jean Baptiste Joseph Fourie，西元 1768 ～ 1830 年），法國數學家及物理學家。最早使用定積分符號，改進符號法則及根數判別方法。傅立葉級數創始人。1807 年向巴黎科學院呈交《熱的傳播》論文中，他推導出著名的熱傳導方程。

◆ 沃森（James Dewey Watson，西元 1928 年～），美國生物學家。1952 年沃森得出 DNA 的內部是一種螺旋形的結構，他立即產生了一種新概念：DNA 不是三鏈結構而應是雙鏈結構。沃森與英國生物物理學家克里克立即行動，成功搭建了 DNA 模型，正確反映 DNA 的分子結構，並於 1962 年獲諾貝爾生理醫學獎。

◆ 何塞・馬蒂（José Martí，西元 1853 ～ 1895 年），古巴民族英雄、詩人。

◆ 克卜勒（Johannes Kepler，西元 1571 ～ 1630 年），德國近代著名的天文學家、數學家、物理學家和哲學家。他以數學的和諧性探索宇宙，被後世的科學史家稱為「天上的立法者」。發現了行星運動的一、二、三

條定律，此三條定律的發現為經典天文學奠定了基石，並導致數十年後萬有引力定律的發現。1607 年，他觀測了一顆大彗星，即哈雷彗星。

◆ 傑弗遜（Jefferson，西元 1743 ～ 1826 年），美國獨立戰爭時期資產階級民主派主要代表之一。反聯邦黨的創始人並參與起草《獨立宣言》。第三任美國總統。

◆ 傑克·倫敦（Jack London，西元 1876 ～ 1916 年），美國近代著名作家。23 歲發表了第一篇小說《給獵人》，31 歲時出版《鐵蹄》，指出美國資本主義有向極權主義轉變的可能性。他的代表作是《馬丁·伊登》，這本帶有自傳性的小說，揭露了資本主義社會的殘酷無情，對人性的蹂躪，對正義的踐踏。

◆ 庫珀（James Fenimore Cooper，西元 1789 ～ 1851 年），美國小說家。曾任海軍上尉。在美國文學史上開創了 3 種不同類型的小說，即革命歷史小說《間諜》、邊疆冒險小說《拓荒者》和海上冒險小說《舵手》。他最有成就的作品 —— 《皮襪子的故事集》5 部曲，對美國的西部小說產生很大影響。

◆ K

◆ 卡爾·波普爾（Karl Raimund Popper，西元 1902 ～ 1994 年），奧地利哲學家。他的思想遍及哲學、科學、政治學、社會學、藝術學等廣泛的學科領域，取得了舉世矚目的成就。他被認為是西方思想界繼柏拉圖、黑格爾之後建立了自己完整的龐大的理論體系的又一人。代表作有《研究的邏輯》、《歷史決定論的貧困》和《開放社會及其敵人》。

◆ 克雷洛夫（Krylov，西元 1769 ～ 1844 年），俄國寓言作家。

- 柯羅連科（Korolenko，西元 1853 ～ 1921 年），19 世紀初俄國批判現實主義作家。上大學時，受民粹派思想影響參加革命活動，遭當局逮捕和流放，期間開始文學創作，一生所著有短篇小說和特寫。代表作有《瑪加爾的夢》、《盲音樂家》、《巴甫洛夫村剳記》和自傳體小說《我的同時代人的故事》等。

- 康德（Kant，西元 1724 ～ 1804 年），德國哲學家、自然科學家。德國古典哲學的奠基人。近代西方哲學史上二元論、先驗論和不可知論的著名代表。首創關於太陽系起源的星雲假說。

- 加里寧（Kalinin，西元 1875 ～ 1946 年），蘇聯共產黨和國家的主要領導之一，教育家。

- 金斯利（Kingsley，西元 1862 ～ 1900 年），英國女作家、旅行家。

- 凱洛夫（Kairov，西元 1893 ～ 1978 年），蘇聯教育家。

- 濟慈（Keats，西元 1795 ～ 1821 年），英國詩人。曾習醫，因熱愛文學而走上詩歌創作道路，具有資產階級民主思想，厭惡社會醜惡現實，幻想在「永恆的美的世界」中尋找安慰。主要作品有《夜鶯頌》、《秋頌》等。

◆ L

- 拉羅什富科（La Rochefoucauld，西元 1613 ～ 1680 年），法國作家。

- 達文西（Leonardo da Vinci，西元 1452 ～ 1519 年），義大利美術學家、自然科學家、工程師和哲學家。

- 拉美特利（La Mettrie，西元 1709 ～ 1751 年），18 世紀法國唯物主義

的開創者、醫生。著名作品有哲學著作《心靈的自然史》、《人是機器》、《人是植物》、《伊比鳩魯的體系》和《幸福論》等。他繼承和發展了唯物主義經驗論和笛卡爾機械唯物主義思想，在法國第一次提出系統的機械唯物主義哲學體系。

◆ 萊布尼茲（Leibniz，西元 1646 ～ 1716 年），德國數學家、哲學家，和牛頓同為微積分創始人。1666 年在紐倫堡阿爾特夫取得法學博士學位。當時的論文《論組合的技巧》已含有數理邏輯的思想。1667 年他投身外交界，曾到歐洲各國遊歷，後常居漢諾威，直到去世。

◆ 朗費羅（Longfellow，西元 1807 ～ 1882 年），美國著名詩人。他一生創作了大量的抒情詩、歌謠、敘事詩和詩劇。他的詩歌在美國廣為傳誦，在歐洲受到讚賞，被譯成 20 餘種文字。其代表作有《伊凡吉林》、《海華沙之歌》、《邁爾斯‧斯坦狄什的求婚》等。

◆ 列寧（Lenin，西元 1870 ～ 1924 年），原姓烏里揚諾夫，蘇聯共產黨的組織者和蘇維埃國家的締造者，世界無產階級的革命導師，馬克思和恩格斯學說的繼承者。創立了列寧主義理論體系，其偉大革命實踐對共產主義事業做出了巨大貢獻。

◆ 林肯（Lincoln，西元 1809 ～ 1865 年），美國第 16 任總統。共和黨組織者之一。1863 年發表著名的《解放宣言》，主張廢除奴隸制度。後被刺身亡。

◆ 盧克萊修（Lucretius，前 99 年～前 55 年），古羅馬詩人，唯物主義哲學家。

◆ 羅蒙諾索夫（Lomonosov，西元 1711 ～ 1765 年），俄羅斯歷史上最偉大的「百科全書式」的人物之一，他不僅是著名的詩人、史學家和畫

家、俄羅斯標準語言的奠基人，而且在自然科學的許多領域都有所建樹。羅蒙諾索夫寫出了奠定俄國物理化學基礎的《數理化學原理》。闡述了物質由微粒構成的學說。他在世界上第一次表述了物質和能量守恆的思想。

◆ 洛克（Locke，西元 1632 ～ 1704 年），英國唯物主義經驗論哲學家，自由主義思想及政治原理的創立人，心理學中聯想主義的奠基人。在經濟和教育學方面也有重大貢獻。代表作有《人類理智論》、《論宗教的寬容》、《政府論》、《關於教育的一些意見》等。

◆ M

◆ 司湯達（Marie-Henri Beyle，西元 1783 ～ 1842 年），法國 19 世紀傑出的批判現實主義作家。

◆ 麥克阿瑟（MacArthur，西元 1880 ～ 1964 年），美國陸軍將領，曾任西點軍校校長，遠東美軍司令。第二次世界大戰期間，指揮盟軍在西太平洋地區作戰，並晉升五星上將，後曾指揮朝鮮戰爭，失敗後被免職。

◆ 瑪里‧居禮（Marie Curie，西元 1867 ～ 1934 年），法國物理學家、化學家。原籍波蘭，西元 1891 年赴巴黎大學學習，西元 1895 年與皮耶‧居禮結婚，後共同發現釙和鐳兩種天然放射性元素，著有《放射性通論》等，在 1903 年及 1911 年兩次獲得諾貝爾物理獎。

◆ 法拉第（Michael Faraday，西元 1791 ～ 1867 年），英國物理學家、化學家。

◆ 馬可‧波羅（Marco Polo，西元 1254 ～ 1324 年），義大利冒險家、旅行家。1271 年，隨父到了中國，進宮觀見元世祖忽必烈。在中國逗留

24 年，多次受忽必烈派遣遠行中國各地，並到過印度、緬甸、斯里蘭卡及東南亞等地。1295 年，馬可‧波羅回國，寫下了自己在東方的遊記——《馬可‧波羅遊記》。

- 馬克‧吐溫（Mark Twain，西元 1835～1910 年），美國作家。一生先後當過排字工人、水手、報刊撰稿人，著有《鍍金時代》、《頑童歷險記》等長篇小說，作品充滿對人民的熱愛，對偽善者、剝削者、壓迫者的憤恨。

- 馬克思（Marx，西元 1818～1883 年），馬克思主義創始人。出身律師家庭，大學畢業後投身革命鬥爭，與恩格斯一起揭示了資本主義必然崩潰、共產主義必定勝利的歷史發展規律，為無產階級革命指明了方向。著有《資本論》、《共產黨宣言》等重要著作。

- 毛姆（Maugham，西元 1874～1965 年），英國作家、文藝批評家。創作豐富，題材多樣，作品受法國自然主義影響，主要作品有自傳體小說《人類枷鎖》、長篇小說《月亮和六便士》等。

- 門捷列夫（Mendeleev，西元 1834～1907 年），俄國化學家。1866 年任彼得堡大學普通化學教授，西元 1867 年任化學教研室主任。1893 年起，任度量衡局局長。1890 年當選為皇家學會外國會員。他最大貢獻是發現了化學元素週期律。今稱門捷列夫週期律。1860 發現氣體的臨界溫度並提出了液體熱膨脹的經驗式。代表作《化學原理》。

- 蒙田（Michel de Montaigne，西元 1533～1592 年），法國人文主義思想家、文學家和倫理學家。反對基督教的人性本惡原罪說，強調人的「善良天性」。著有《隨感錄》等，對法國和英國文學影響極大。

◆ 孟德斯鳩（Montesquieu，西元 1689 ～ 1755 年），法國啟蒙思想家、法學家。

◆ 彌爾頓（Milton，西元 1608 ～ 1674 年），英國詩人、政論家。早年受人文主義思想影響，積極參加英國革命鬥爭活動，捍衛民主，反對專制，主要著作有《失樂園》、《復樂園》、《力士參孫》等。

◆ 米南德（Menander，約西元前 342 年～前 291 年），古希臘新喜劇作家。據說曾寫過 100 多部劇本。劇本大多以愛情故事和家庭生活為題材，側重描寫人物心理，語言口語化。現僅存《恨世者》等數部。

◆ 摩根（Morgan，西元 1818 ～ 1881 年），美國民族學家。曾任美國科學促進會主席。他以進化論觀點，劃分人類從蒙昧時代經過野蠻時代到文明時代的發展過程。馬克思、恩格斯對其理論貢獻評價甚高。

◆ 莫泊桑（Maupassant，西元 1850 ～ 1893 年），法國著名作家。13 歲考入里昂中學，在當時著名的巴那斯派詩人布耶老師的薰陶下，走上文學創作道路。一生的作品頗多，其代表作有：《項鍊》、《羊脂球》、《漂亮朋友》、《一生》等。

◆ 摩爾（More，西元 1478 ～ 1535 年），英國人文主義者，空想社會主義創始人之一。

◆ 莫里哀（Molière，西元 1622 ～ 1673 年），法國 17 世紀古典主義文學最重要的作家，古典主義喜劇的創建者，他在歐洲戲劇史上占有十分重要的地位。同時他還是個出色的導演、喜劇大師。其代表作有《偽君子》、《吝嗇鬼》、《太太學堂》等。

◆ 穆勒（Mill，西元 1806 ～ 1873 年），英國哲學家、經濟學家、邏輯學家。

◆ N

- 拿破崙（Napoléon Bonaparte，西元 1769 ～ 1821 年），法國資產階級政治家和軍事家，法蘭西第一帝國和百日王朝皇帝。法國資產階級革命時期參加革命軍，後統兵進攻義大利、奧地利、埃及等國，西元 1799 年發動霧月政變，獲取政權，頒布《法國民法典》，後因與被奴役國反法聯盟的解放戰爭和對俄戰爭的失敗導致帝國崩潰，其本人被流放於聖赫勒拿島，並病死於該島。

- 哥白尼（Nicolaus Copernicus，西元 1473 ～ 1543 年），波蘭天文學家，日心說的創立者，近代天文學的奠基人。曾在波蘭和義大利的大學學習與研究數學、天文學和醫學。其日心說理論否定了在西方統治了一千多年的地心說，引起了人類宇宙觀的重大革新，「從此自然科學便開始從神學中解放出來，科學的發展從此便大踏步地前進」（馬克思語）。

- 布瓦洛（Nicolas Boileau-Despréaux，西元 1636 ～ 1711 年），法國詩人、文學理論家。1677 年，被任命為「國王的史官」，西元 1684 年當選為法蘭西學院院士。重要著作有《詩藝》、《諷刺詩》、《關於尤琴的思考》等。《詩藝》是他的代表作，在文學史上被認為古典主義文學理論的經典。

- 韋伯斯特（Noah Webster，西元 1758-1843 年），美國著名辭典學家。他用文字將美國統一起來，是韋伯斯特辭典創始人。100 多年來，韋伯斯特的書一直都是美國孩子們學習語言的藍本。

- 車爾尼雪夫斯基（Nikolay Chernyshevsky，西元 1828 ～ 1889 年），俄國革命民主主義者、唯物主義哲學家、文藝批評家、作家。大學時代接觸空想社會主義，研究黑格爾和費爾巴哈的哲學思想。曾遭沙皇政府逮

捕流放。流放期間寫出長篇小說《怎麼辦？》等。

◆ 尼古拉·奧斯特洛夫斯基（Nikolai Alexeevich Ostrovsky，西元 1904 ～ 1936 年），蘇聯作家，生於工人家庭，西元 16 歲參加紅軍，20 歲成為共產黨員，在國內戰爭中受重傷，後雙目失明，全身癱瘓，在病床上寫成長篇小說《鋼鐵是怎樣煉成的》。

◆ 尼采（Nietzsche，西元 1844 ～ 1900 年），德國哲學家，唯意志論和生命哲學的主要代表人物之一。先後就讀於波恩大學和萊比錫大學。晚年精神失常。他否定傳統的哲學、宗教、倫理觀念，認為超人是歷史創造者，而群眾只是超人實現其強大意志的工具。主要著作有《悲劇的誕生》、《查拉圖斯特拉如是說》等。

◆ 牛頓（Newton，西元 1642 ～ 1727 年），英國物理學家、數學家和天文學家。提出力學三大定律和萬有引力定律，建立經典力學體系。奠定物理光學的基礎。創立微積分。著有《自然哲學的數學原理》等。

◆ 諾貝爾（Nobel，西元 1833 ～ 1896 年），瑞典化學家和工程師。他一生發明極多，如橡膠合成、皮革及人造絲的製造、發明等。他經營油田和炸藥生產，積累了巨大財富。他逝世時將其 800 多萬美元，作為每年對世界上在物理學、化學、生理學、醫學、文學及和平方面對人類做出巨大貢獻的人士的獎金，即諾貝爾獎金。

◆ O

◆ 歐·亨利（O. Henry，西元 1862 ～ 1910 年），美國短篇小說家。1901 年到紐約專事寫作。他創作的短篇小說有 300 多篇，從藝術手法上看，歐·亨利善於捕捉生活中令人啼笑皆非而富於哲理的戲劇性場景，用漫

畫般的筆觸勾勒出人物的特點，這些短篇收入《白菜與國王》、《千百萬》、《西部心》、《市聲》、《滾石》等集子。

◆ 歐本海默（Oppenheimer，西元 1904 ～ 1967 年），美國物理學家。他與玻恩研究出處理分子的電子自由度～振動自由度和轉動自由度的方法，現已成為量子理論的重要內容，被稱為「玻恩～歐本海默法」。1945 年第一枚原子彈試爆成功，歐本海默被譽為「原子彈之父」。

◆ P

◆ 西德尼（Philip Sidney，西元 1554 ～ 1586 年），英國詩人。

◆ 畢卡索（Pablo Ruiz Picasso，西元 1881 ～ 1973 年），西班牙畫家。出身於美術教師家庭，主張創造抽象的形式表現科學的真實。他的結合立體主義、現實主義和超現實主義的繪畫風格為美術界帶來深刻影響，曾為世界和平大會創作《和平鴿》等著名宣傳畫。

◆ 畢達哥拉斯（Pythagoras，約西元前 570 ～前 495 年），古希臘與伊奧尼亞學派相對立的南義大利學派的創始人。他是古代最初的唯心主義哲學的代表人物。畢達哥拉斯學派在政治上反對奴隸主民主制，他們的「和諧」觀念在當時具有一種保守傾向。

◆ 伽桑狄（Pierre Gassendi，西元 1592 ～ 1655 年），17 世紀法國唯物主義哲學家。1614 年在阿維尼翁獲得神學博士學位。他駁斥了笛卡爾唯心主義的「形而上學」，並指出，根本就沒有所謂非物質性的精神實體，世界上唯一的東西都是物質性的，都具有長、寬、高的廣延。代表作有《哲學彙編》、《天文學指南》。

- 皮耶‧居禮（Pierre Curie，西元 1859 ～ 1906 年），法國物理學家，出生於一個醫生家庭裡，性格上好個人沉思。1880 年，21 歲時與哥哥雅克‧居禮發現了晶體的壓力效應。1891 年，建立居禮定律：順磁質的磁性係數與絕對溫度成反比。他與瑪里‧居禮發現了釙和鐳兩種元素，並於 1903 年獲得諾貝爾物理學獎。

- 裴多菲（Petőfi Sándor，西元 1823 ～ 1849 年），匈牙利詩人。曾做過演員、當過兵。1842 年開始發表作品，西元 1848 年初，法國、義大利、奧地利等國相繼爆發革命。以他為首的激進青年與 3 月 15 日發動了起義，並寫下了《民族之歌》、《大海沸騰了》、《把國王帶上絞架》等著名詩篇。《使徒》為其代表長詩。

- 佩索阿（Pessoa，西元 1888 ～ 1935 年），葡萄牙詩人、作家。他是葡萄牙後期象徵主義最重要的代表人物，他的詩作作為葡萄牙當代詩人仿效的楷模。代表作有：詩集《使命》、《作品全集》9 卷，此外還著有《美學和文學理論和評論集》、《哲學讀本》等。

- 巴斯德（Pasteur，西元 1822 ～ 1895 年），法國微生物學家、化學家，近代微生物學的奠基人。主張生命只能來自生命的「生源論」。主要著作有《乳酸發酵》、《蠶病學》等。

- 蒲柏（Pope，西元 1688 ~ 1744 年），英國啟蒙運動時期古典主義詩人。主張詩歌應模仿自然，認為古希臘、羅馬的作品是藝術典範。寫有大量哲理詩和諷刺詩歌，主要作品有《道德論》、《秀髮劫》等。

- 普里尼（Plinius，23 ～ 79 年），古羅馬作家。

- 普魯塔克（Plutarchus，約 46 ～ 125 年），羅馬帝國時期傳記作家和倫理學家。到過埃及、義大利和希臘的許多地方。一生著述豐富，篇名有

227 項之多。現存傳世之作包括 50 篇希臘、羅馬著名人物傳記的《傳記集》和由 60 餘篇雜文組成的《道德論集》。

◆ 普魯斯特（Proust，西元 1871 ～ 1922 年），法國意識流小說的鼻祖。他耗盡 16 年心血創作的驚世傑作《追憶似水年華》歷經靡折。法國評論界曾這樣評價他：「偉大的普魯斯特在法國統治著 20 世紀上半葉，正如偉大的巴爾札克曾經統治著 19 世紀一樣。」

◆ 普希金（Pushkin，西元 1799 ～ 1837 年），俄國詩人。童年時代開始寫詩，作品抨擊農奴制度，歌頌自由與進步，堅持十二月黨人的革命思想，其創作活動備受沙皇政府迫害，最後在陰謀布置的決鬥中遇害。他的創作對俄國文學和語言的發展影響很大。主要作品有長詩《葉甫蓋尼‧奧涅金》、長篇小說《上尉的女兒》等。

◆ 霍爾巴赫（Paul Heinrich Dietrich，西元 1723 ～ 1789 年），18 世紀法國唯物主義哲學家，法國百科全書派重要代表人物之一。霍爾巴赫是法國機械唯物主義的集大成者，但他集中表現出機械唯物主義的局限性。主要著作有：《自然的體系》、《自然政治》和《健全的思想》等。

◆ R

◆ 盧梭（Rousseau，西元 1712 ～ 1778 年），法國啟蒙思想家、哲學家、教育家、文學家。認為信仰高於理性，私有制的產生是不平等的根源，還主張教育要順應兒童的本性，讓他們的身心自由發展。盧梭的思想對法國資產階級革命影響很大。主要著作有《科學與藝術的重建，是否有助於道德習性的淨化》、《愛彌爾》和《懺悔錄》等。

◆ 洛威爾（Robert Lowell，西元 1917 ～ 1977 年），美國詩人。出身於波

士頓的名門世家，西元 1937 年求學於批評派的約翰·保羅·蘭塞姆門下，開始致力於「形式工整而內容艱深」的詩創作。代表作有詩集《回憶西街和納裴克》、《臭鼬出現的時刻》、《人生寫照》、《威利勳爵的城堡》等。

◆ 羅曼·羅蘭（Romain Rolland，西元 1866 ～ 1944 年），法國作家、音樂評論家。1899 年，他畢業於法國巴黎高等師範學校。20 世紀初，他的創作進入一個嶄新的階段，讓世人「呼吸英雄的氣息」，連續寫了幾部名人傳記：《貝多芬傳》、《米開朗基羅》和《托爾斯泰傳》等。同時發表了他的長篇小說傑作《約翰·克利斯朵夫》。

◆ 羅莎·盧森堡（Rosa Luxemburg，西元 1871 ～ 1919 年），德國社會民主黨和第二國際左派領袖之一，德國共產黨創始人之一。

◆ 拉斯金（Ruskin，西元 1819 ～ 1900 年），英國政論家、藝術評論家、畫家。推崇義大利文藝復興時期的畫家，認為資本主義制度有害於藝術的發展，主張用道德和審美教育建立理想的社會制度。繪畫以水彩為主，畫風細緻。

◆ 羅素（Russell，西元 1872 ～ 1970 年），英國哲學家、數學家、邏輯學家。

◆ S

◆ 薩迪（Saadi Shirazi，西元 1203 ～ 1292 年），中世紀波斯著名詩人。

◆ 詹森（Samuel Johnson，西元 1709 ～ 1784 年），英國作家、批評家和字典編纂家。

◆ 雪萊（Shelley，西元 1792 ～ 1822 年），英國詩人，拜倫的好友。一生

積極參加愛爾蘭人民的民族獨立運動，作品反映了社會貧富不均，表現勞動者的悲慘境遇及鬥爭精神。著名作品有長詩《麥布女王》、《阿多尼斯》及《西風頌》等。

◆ 褚威格（Stefan Zweig，西元 1881 ～ 1942 年），奧地利作家。1904 年後任《新自由報》主編。主要作品有傳記《三位元大師》、《羅曼‧羅蘭》、《精神療法》等以及中短篇小說《最初的經歷》、《恐懼》、《感覺的混亂》，唯一的長篇小說是《焦躁的心》。

◆ 席勒（Schiller，西元 1759 ～ 1805 年），德國劇作家、詩人。生於醫生家庭。當過軍醫，作品大多反映德國市民與封建統治者之間的矛盾與鬥爭。主要著作有《陰謀與愛情》、《華倫斯坦》、《威廉‧泰爾》、《歡樂頌》等。

◆ 薩特（Sartre，西元 1905 ～ 1980 年），法國哲學家、作家、評論家，無神論存在主義的代表人物。1945 年，他主持創辦了《現代》雜誌，傳播存在主義思想。他的作品很多，主要透過小說、戲劇、評論等表達自己的哲學觀點和政治主張。他的哲學著作有：《存在與虛無》、《存在主義是一種人道主義》、《辯證理性批判》等。

◆ 塞謬爾‧約翰生（Samuel Johnson，西元 1709 ～ 1784 年），英國多才多藝的文學家、語言家、新聞記者。1747 ～ 1755 年間編纂《英語語言詞典》，使用標準化英文的宣導者。

◆ 賽凡提斯（Saavedra，西元 1547 ～ 1616 年），西班牙作家，文藝復興時期代表人物之一。出生於沒落貴族家庭。早年參軍，在戰鬥中左手殘廢，回國途中，被海盜劫往阿爾及爾服苦役，贖回後從事寫作，著有多種小說和劇本，最著名的有長篇小說《唐吉訶德》等。對歐洲文學發展

影響巨大。

◆ 桑德堡（Sandburg，西元 1878 ～ 1967 年），美國詩人。傳記作家。1914 年他的《芝加哥》和其他 8 首詩在《詩刊》上發表，引起很大反響，毀譽參半。1916 年出版的《芝加哥詩集》奠定了他在詩壇的地位。代表作有詩集《剝玉米的人》、《早安，美國》、《人們，是的》、《煙與鋼》等，此外他撰寫過《林肯傳》。

◆ 桑塔亞那（Santayana，西元 1863 ～ 1925 年），哲學家，批判實在論代表之一，自然主義美學創始人。生於西班牙，後移居美國，定居羅馬。主要著作有《美感》、《懷疑論和動物式信仰》等。

◆ 莎士比亞（Shakespeare，西元 1564 ～ 1616 年），英國文藝復興時期著名戲劇家、詩人。當過劇場雜役及演員和編劇。作品多取材於歷史傳說或根據已有劇作改編，塑造無數性格鮮明的人物形象，反映了資本主義興起時期各種社會力量的矛盾與衝突，表現了人文主義思想。主要作品有《哈姆雷特》、《奧賽羅》等 30 餘部劇本及大量十四行詩等。

◆ 史蒂文生（Stevenson，西元 1850 ～ 1894 年），英國小說家。曾在愛丁堡大學學法律，後任律師。主要作品有《金銀島》、《化身博士》等，大多描寫冒險與離奇故事。

◆ 叔本華（Schopenhauer，西元 1788 ～ 1860 年），德國非理性主義哲學家，唯意志論創始人。強調人的利己性，認為人必須斷絕「我執」，否定「生活意志」，才能解脫痛苦。著有《作為意志和表象的世界》等。

◆ 舒伯特（Schubert，西元 1797 ～ 1828 年），奧地利作曲家。他生活在古典主義和浪漫主義的交接時期。他的交響樂風格繼承的是古典主義的傳統，但他創作的藝術歌曲和鋼琴作品卻完全是浪漫主義的。他絕妙的

抒情性被李斯特稱為「前所未有的最富詩意的音樂家」。

◆ 司各特（Scott，西元 1771 ～ 1832 年），英國小說家。

◆ 斯賓諾莎（Spinoza，西元 1632 ～ 1677 年），荷蘭哲學家，早年以磨鏡為生，後移居海牙，提出自由論唯物主義世界觀，認為自然界的一切都是必然的，自由就是對必然的認識，還提出只有透過理性的直覺與推理才能獲得真正可靠的知識。主要作品有《笛卡爾的〈哲學原理〉》等。

◆ 史賓賽（Spencer，西元 1820 ～ 1903 年），英國社會學家、哲學家。理論社會學的創始人之一。主張不可知論，認為事物本質無法認識。主要著作有《綜合哲學》、《社會學研究》等。

◆ 史坦貝克（Steinbeck，西元 1902 ～ 1968 年），美國小說家。在母親的薰陶下，深受希臘古典文學、《聖經》和 15 世紀英國傳奇亞瑟王故事的影響。代表作有《金杯》、《天堂的牧場》、《鼠與人》、《長谷》、《憤怒的葡萄》等。1962 年獲諾貝爾文學獎金，西元 1964 年獲美國總統自由勳章。

◆ 史威夫特（Swift，西元 1667 ～ 1745 年），英國作家。早期作品諷刺教會內部的宗派鬥爭，後參加愛爾蘭人民反抗英國統治的鬥爭。代表作長篇小說《格列佛遊記》形象地揭露了英國社會的不合理現象。

◆ 蘇格拉底（Socrates，西元前 469 年～前 399 年），古希臘哲學家，經常在公共場所同人談論各種問題，特別是倫理問題。在歐洲哲學史上最早提出唯心主義目的論，認為一切都是神所創造與安排，表現神的智慧與目的，哲學的目的不在於認識自然，而在於「認識自己」。後以傳播異說被奴隸民主派處死於獄中。

◆ 蘇霍姆林斯基（Sukhomlinskii，西元 1918 ～ 1970 年），蘇聯教育家。

◆ T

◆ 泰德‧透納（Ted Turner，西元 1938 年～），美國透納廣播公司董事長，美國有線電視新聞網（CNN）創始人。雖未接受完整的大學教育，但他的智慧、機敏、自信和才幹，促成其個人事業的成功。1997 年，他提出捐助聯合國 10 億美元，以幫助聯合國改善兒童膳食、幫助窮人，為美國富人樹立了榜樣。

◆ 赫胥黎（Thomas Henry Huxley，西元 1825 ～ 1895 年），英國生物學家、博物學家，達爾文的合作者，達爾文進化論的最著名傳播者，是第一個提出人類起源問題的學者。主要著作有《人類自然界的位置》和《進化論和倫理學》等。《進化論和倫理學》被清朝學者嚴復譯為《天演論》。

◆ 愛迪生（Thomas Alva Edison，西元 1847 ～ 1931 年），美國發明家，幼年起自謀生計，沒有受過正規教育，當過小販、送報員等，一生刻苦自學，對科學實驗特別感興趣，先後發明了萬能印刷機、白熾燈、留聲機、電影放映機，改進了貝爾發明的電話機，取得1093項發明專利權。

◆ 卡萊爾（Thomas Carlyle，西元 1795 ～ 1881 年），英國作家、歷史學家、哲學家。曾參加憲章運動，提出「崇拜英雄」的唯心主義觀念。著有《法國革命史》、《論英雄與英雄崇拜》及《克倫威爾》等。

◆ 泰戈爾（Tagore，西元 1861 ～ 1941 年），印度詩人、作家、藝術家及社會活動家。作品描寫人民反帝、反封建鬥爭，富有民族特色，著有詩集《吉檀迦利》等。1913 年獲諾貝爾文學獎。

◆ 托爾斯泰（Tolstoy，西元 1828 ～ 1910 年），俄國作家。生於貴族家庭，曾就讀於喀山大學。他的創作是現實主義文學高峰之一。他的史詩

體小說氣勢磅礡，場面宏大，人物眾多，具有強烈的藝術感染力。重要作品有《戰爭與和平》、《安娜‧卡列尼娜》和《復活》等。

◆ 屠格涅夫（Turgenev，西元 1818 ～ 1883 年），俄國作家。作品無情揭露農奴主的殘暴，反映農奴的悲慘生活，因而被反動當局放逐。在監禁中仍寫成多部抗議農奴制度的作品。其長篇小說《父與子》、《煙》及《處女地》批判貴族反動派，否定貴族自由主義者，影響甚大。

◆ 狄奧多‧羅斯福（Theodore Roosevelt Jr，西元 1858 ～ 1919 年），美國第 26 任總統，共和黨人。任總統時，不到 43 歲，成為美國歷史上最年輕的總統。曾任紐約州州長，主張帝國主義擴張政策，他博覽群書，是博物學家、歷史學家、演說家。代表作有《給孩子們的信》、《在西部的勝利》等。

◆ 丁尼生（Tennyson，西元 1809 ～ 1892 年），英國詩人。劍橋大學肄業。繼承浪漫主義傳統，其詩歌多取材於古希臘、羅馬神話。曾被封為「桂冠詩人」。主要詩作有《悼念》、《食荷花人》等。

◆ 梭羅（Thoreau，西元 1817 ～ 1862 年），美國作家、思想家。生長在波士頓附近超驗主義思想運動中心康科特村。20 歲於哈佛大學畢業，從事過各種體力勞動。他的著作都是根據他在大自然中的體驗寫成。代表作有《沃爾登，或村中生活》等。他的思想對英國工黨、印度的甘地與美國黑人領袖馬丁‧路德‧金恩等人都有很大影響。

◆ V

◆ 伏爾泰（Voltaire，西元 1694 ～ 1778 年），法國啟蒙思想家、文學家、史學家。他在其《哲學通信》中信奉自然神論，認為神並不干預社會生

活。伏爾泰認為，自由、所有制和平等是公正的社會秩序的基礎。其政治思想代表作是《哲學辭典》。他被認為是後來的法國唯物主義者的精神導師。

◆ 梵谷（Vincent Van Gogh，西元 1853 ～ 1890 年），荷蘭畫家。後期印象畫派代表人物。當過店員、教師、傳教士等。受工人貧窮生活感動而開始自學畫畫，形象地反映工人、農民生活。後漸漸形成印象派風格，中年時因精神憂鬱而自殺。著名作品有《向日葵》、《農民》等。

◆ 凡爾納（Verne，西元 1828 ～ 1905 年），法國小說家。

◆ 雨果（Victor Hugo，西元 1802 ～ 1885 年），19 世紀前期積極浪漫主義文學運動的領袖，法國文學史上卓越的資產階級民主作家。貫穿他一生活動和創作的主導思想是人道主義、反對暴力、以愛制惡，他的創作期達 60 年以上，作品合計 79 卷。其代表作是：《巴黎聖母院》、《悲慘世界》等長篇小說。

◆ W

◆ 威廉‧詹姆斯（William James，西元 1842 ～ 1910 年），美國哲學家、心理學家，實用主義代表之一。曾創建機能心理學。他所提出的意識流概念在現代西方哲學、心理學與文學藝術等方面影響深遠。主要著作有《心理學原理》、《實用主義》、《多元的宇宙》、《真理的意義》等。

◆ 薩克雷（William Makepeace Thackeray，西元 1811 ～ 1863 年），英國小說家。做過記者，辦過報刊。擅長用諷刺筆法勾勒英國社會面貌，著有《名利場》等，尖銳諷刺貴族階級及資產階級的貪婪虛偽。

◆ 威廉‧赫茲利特（William Hazlitt，西元 1778 ～ 1830 年），英國文藝評論家、散文作家。曾就讀於神學院。主要作品有《莎士比亞戲劇中的人物》、《時代精神》等。

◆ 豪夫（Wilhelm Hauff，西元 1802 ～ 1827 年），德國作家。生於斯圖加特一個官員家庭，當過家庭教師。他最成熟的作品是《不來梅市政廳酒店裡的幻想》，富於奇思異想，並穿插著對世界、藝術和人生的一些機智的批評。他的童話充滿樂觀主義精神，代表作有《冷酷的心》、《侏儒鼻子》等。

◆ 溫斯頓‧邱吉爾（Winston Churchill，西元 1874 ～ 1965 年），英國政治家、作家。曾任兩屆英國首相。第二次世界大戰期間曾和羅斯福、史達林一起制定同盟戰略計畫，為反法西斯鬥爭的勝利作出過重大貢獻。1953 年獲諾貝爾文學獎。

◆ 華盛頓（Washington，西元 1732 ～ 1799 年），美利堅合眾國奠基人，第一任總統。早年當過土地測量員，反對英國殖民統治，領導美國獨立戰爭，主持制定聯邦憲法，曾兩度當選為美國總統，對發展經濟、建立民主法制等做出重大貢獻。被稱為美國「國父」。

◆ 華茲華斯（William Wordsworth，西元 1770 ～ 1850 年），英國詩人。出身律師家庭。與柯勒律治等同被稱為「湖畔派」詩人，作品甚多，主張回歸自然。重要著作有長詩《漫遊》等。

◆ 懷海德（Whitehead，西元 1861 ～ 1947 年），英國哲學家、數學家。劍橋大學畢業，曾任劍橋和哈佛大學教授，提出過程哲學，認為自然界是活生生的創造進化過程。主要著作有《數學原理》、《科學與近代世界》等。

- 惠蒂爾（Whittier，西元 1807 ～ 1893 年），英國詩人，年輕時深受英國文學尤其是蘇格蘭詩人彭斯的影響。代表作有《新英格蘭的傳說》、《自由的聲音》、《勞工之歌》等。他的著名長詩《大雪封門》曾被評論家譽為「一部優美的新英格蘭田園詩」。

- 惠特曼（Walt Whitman，西元 1819 ～ 1892 年），美國詩人。

◆ X

- 色諾芬（Xenophon，約西元前 431 年～前 352 年），古代希臘作家、歷史學家。哲學家蘇格拉底的學生。其著作有《長征記》、《斯巴達的政治制度》、《經濟論》、《居魯士的教育》、《蘇格拉底的答辯》、《會飲篇》、《回憶蘇格拉底》。其中《長征記》被用作學習古希臘文的教材。

◆ Z

- 左拉（Zola，西元 1840 ～ 1902 年），法國作家。早期受浪漫主義的影響，後信奉孔德的實證主義哲學。主要作品有由 20 部長篇小說組成的《盧貢 - 馬卡爾家族》，其中重要的有《娜娜》、《萌芽》等。作品反映法國當時的社會生活，揭露資產階級的荒淫無恥，同時反映出空想的社會改良思想。

金玉良言，人生充電：

困難逆境 × 理想事業 × 婚姻愛情，有了囊括生活哲學的語錄，就能為生命點亮一盞明燈！

主　　編：莫宸，孔謐

發 行 人：黃振庭

出 版 者：崧燁文化事業有限公司

發 行 者：崧燁文化事業有限公司

E-mail：sonbookservice@gmail.com

粉 絲 頁：https://www.facebook.com/
sonbookss/

網　　址：https://sonbook.net/

地　　址：台北市中正區重慶南路一段六十一號八
樓 815 室

Rm. 815, 8F., No.61, Sec. 1, Chongqing S. Rd.,
Zhongzheng Dist., Taipei City 100, Taiwan

電　　話：(02)2370-3310

傳　　真：(02)2388-1990

印　　刷：京峯彩色印刷有限公司（京峰數位）

律師顧問：廣華律師事務所 張珮琦律師

定　　價：350 元

發行日期：2023 年 03 月第一版

◎本書以 POD 印製

國家圖書館出版品預行編目資料

金玉良言，人生充電：困難逆境 ×
理想事業 × 婚姻愛情，有了囊括
生活哲學的語錄，就能為生命點亮
一盞明燈！ / 莫宸，孔謐主編 . --
第一版 . -- 臺北市：崧燁文化事業
有限公司 , 2023.03
面；　公分
POD 版
ISBN 978-626-357-091-7(平裝)
1.CST: 格言 2.CST: 人生哲學
192.8　　112000211

電子書購買

臉書